Der neue Bußgeldkatalog

StVO, Punkte, Entzug der Fahrerlaubnis

Carsten Krumm

2. Auflage

C.H.BECK

So nutzen Sie dieses Buch

Die folgenden Elemente erleichtern Ihnen die Orientierung im Buch:

Beispiele

In diesem Buch finden Sie zahlreiche Beispiele, die die geschilderten Sachverhalte veranschaulichen.

Definitionen

Hier werden Begriffe kurz und prägnant erläutert.

! Die Merkkästen enthalten Empfehlungen und hilfreiche Tipps.

Auf den Punkt gebracht

Am Ende jedes Kapitels finden Sie eine kurze Zusammenfassung des behandelten Themas.

Inhalt

Vorwort

Bußgelder, Fahrverbote und Punkte drohen auch den sorgfältigsten Verkehrsteilnehmern. Meist ist den Betroffenen schon bei Begehung der Ordnungswidrigkeit, spätestens aber mit Eingang des Anhörungsbogens bewusst, welche Konsequenzen drohen und somit abzuwehren sind. Gerade für Situationen wie diese will Ihnen der Ratgeber Unterstützung bieten. Er kann gleichwohl für Sie eine Art Lotse durch das Bußgeldverfahren sein.

Ob Geschwindigkeitsübertretung, Falschparken oder Verstoß gegen das Handyverbot am Steuer – in diesem Buch erfahren Sie alles Wissenswerte über die wichtigsten Verkehrsverstöße und die drohenden Folgen, nämlich über Geldbußen, Fahrverbot und Punkte im neuen Fahreigungsregister in Flensburg. Darüber hinaus erhalten Sie nützliche Tipps, wie Sie sich effektiv gegen Bußgeldbescheide zur Wehr setzen und wann Verkehrsverstöße verjährt sind.

Vielleicht noch ein Hinweis vorab: Natürlich sollte sich jeder Leser auch immer seiner eigenen Fähigkeiten bewusst sein und sich nicht überfordern. Überlegen Sie daher spätestens, wenn das Verfahren vor Gericht verhandelt wird, ob Sie sich nicht besser einen erfahrenen Verkehrsanwalt zu Hilfe nehmen. Immerhin wird dieser die Sache mit dem erforderlichen Abstand betrachten und ein guter Ratgeber sein.

Zwar sind die meisten Rechtsanwälte mit Verkehrssachen vertraut, doch sollte man in erster Linie Fachanwälte für Verkehrsrecht, Vertragsanwälte der großen Automobilklubs (ADAC, ACE oder AvD) oder Mitglieder der Arbeitsgemeinschaft Verkehrsrecht des Deutschen Anwaltvereins (DAV) kontaktieren – hier ist Fachwissen tatsächlich sichergestellt.

Einzelne Gerichtsentscheidungen werden in diesem Buch aus Platzgründen nicht dargestellt. Die wesentlichsten Paragrafen aber sind benannt, um Ihnen ein Nachlesen zu ermöglichen. Gibt man etwa die Paragrafenbezeichnung in eine Internetsuchmaschine wie Google ein (zum Beispiel „§ 47 OWiG"), so findet man sofort die aktuelle Gesetzesfassung, oft sogar Hinweise auf einschlägige Gerichtsentscheidungen. Auch der Bußgeldkatalog ist frei zugänglich im Internet erreichbar.

Allzeit gute Fahrt wünscht

Carsten Krumm

Das Bußgeldverfahren

Ein normaler, alltäglicher Verkehrsverstoß ist in der Regel keine Straftat, sondern eine Ordnungswidrigkeit. Diese Unterscheidung ist wichtig: Ordnungswidrigkeiten sind nämlich kein kriminelles Unrecht. Man ist als Täter also nicht etwa „vorbestraft". Ordnungswidrigkeiten werden, anders als Straftaten, nicht durch die Staatsanwaltschaft, sondern regelmäßig durch Verwaltungsbehörden verfolgt.

Große Teile des Bußgeldverfahrens sind jedoch dem Strafprozess nachempfunden. Das maßgebliche Verfahrensrecht, nämlich das Ordnungswidrigkeitengesetz (OWiG) verweist an zahlreichen Stellen auf die Strafprozessordnung (StPO). Das Ordnungswidrigkeitenrecht kennt so auch keine Strafen, sondern nur Bußgelder und als (straßenverkehrsrechtliche) Nebenfolge das Fahrverbot.

Das Bußgeldverfahren ist zweigeteilt: Es gibt zum einen das behördliche Verfahren bei einer Verwaltungsbehörde (zum Beispiel einer kreisfreien Stadt). Davon unterscheidet man das gerichtliche Verfahren, das beginnt, wenn ein Bußgeldbescheid ergangen ist und von dem betroffenen Fahrer angefochten wurde. Die gerichtlichen Verfahren finden in der Regel vor dem Amtsgericht statt, in dessen Bezirk die Verwaltungsbehörde, die den Bußgeldbescheid erlassen hat, ihren Sitz hat.

Auf den folgenden Seiten erfahren Sie, wie das Bußgeldverfahren beginnt, mit welchen Schreiben Sie rechnen müssen, wie das Gerichtsverfahren abläuft und welche Rechte Sie im Prozess haben.

„Erwischt" – Was passiert nun?

In Straßenverkehrssachen beginnt das Verfahren nahezu immer damit, dass die Polizei oder eine andere Behörde – dies ist je nach Bundesland verschieden – in ihrem Zuständigkeitsbereich eine Ordnungswidrigkeit feststellt. Oftmals wird man als Fahrer vor Ort gar nicht angesprochen, so etwa, wenn man durch sogenannte „Starenkästen" geblitzt wird. Dagegen werden nach Lasermessungen, Messungen durch Nachfahren oder polizeilichen Rotlichtüberwachungen die jeweiligen Fahrer („Betroffene") angehalten und ihre Personalien gesichert.

Aussage vor Ort? Nein: Schweigen ist Gold!

Wer vor Ort nach einer angeblichen Ordnungswidrigkeit angehalten wird, für den sollte in der Regel gelten: „Mund halten". Lassen Sie sich keinesfalls auf eine Diskussion ein und kontrollieren Sie alles, was der Beamte aufschreibt.

> **!** *Achtung*
>
> Schon ein einfaches Nicken vor Ort kann von der Polizei in der Eile als „Zugeben des Tatvorwurfs" verstanden werden. Wollen Sie also schweigen, so sagen Sie etwa: „Ich will zu den Vorwürfen nichts sagen!"

Polizeibeamte versuchen auch oft, irgendeine Äußerung aus den betroffenen Fahrern „herauszukitzeln". Lassen Sie sich besser nicht auf derartige Versuche ein, wenn Sie nicht ganz sicher sind, ob das, was Sie tun, richtig ist.

Sollten die Polizeibeamten schließlich doch etwas in die Anzeige aufnehmen, was Sie gesagt haben sollen, so widersprechen Sie sofort, falls dies nicht stimmt.

Praxistipp

Normalerweise müssen Sie vor jeder Äußerung darüber belehrt werden, dass Sie nichts zur Sache sagen müssen. Bestehen Sie also vor Ort darauf, dass Ihnen gezeigt wird, was zum Vorfall schriftlich festgehalten wurde. Spontanäußerungen vor Belehrung gegenüber Polizeibeamten und auch solche nach Belehrung sind verwertbar – Äußerungen im Rahmen einer Vernehmung ohne vorherige ordnungsgemäße Belehrung dagegen nicht!

Viele Polizeivordrucke enthalten als Standardformulierung den Zusatz, der Betroffene sei belehrt worden. Ist dies erst einmal aktenkundig, so dürfte es zumeist müßig werden, einige Monate später in der Hauptverhandlung mit dem eingesetzten Polizeibeamten darüber zu diskutieren. Dieser wird nach bestem Wissen erklären, er könne sich an dieses Detail nicht mehr erinnern, er übernehme aber die Gewähr für die Richtigkeit seiner Eintragungen. Dies reicht für den Richter – er kann alles, was Sie gesagt haben, durch Vernehmung des Polizeibeamten verwerten!

Haben Sie zufällig im Auto einen Fotoapparat oder ein Fotohandy dabei oder können Sie dies innerhalb weniger Minuten erreichen? Es empfiehlt sich stets, von dem Tatort, dem Standort der Polizei, dem Messgerät, der Ampel, der Beschilderung, den Sichtverhältnissen oder was Ihnen auch sonst relevant erscheint, Fotos zu machen. Sollte eine Dokumentation vor Ort nicht möglich sein, dann ist es ratsam, dies alsbald nachzuholen.

> **!** *Praxistipp*
>
> Notfalls helfen auch Skizzen oder die Ansprache anderer Verkehrsteilnehmer als mögliche Zeugen. Notieren Sie daher am besten immer deren Anschrift und die Kfz-Kennzeichen.

Anhörungsbogen: Muss ich den ausfüllen?

Sind Sie aus Sicht der Straßenverkehrsbehörde der Fahrer des Fahrzeugs, mit dem der Verstoß begangen wurde, so übersendet Ihnen die Bußgeldstelle einen sogenannten Anhörungsbogen. Durch diesen werden Sie über den genauen Tatvorwurf aufgeklärt.

> **!** *Achtung*
>
> Auf den Anhörungsbogen müssen Sie nicht antworten! In der Regel empfiehlt sich dies auch nicht, da zuweilen die Fahreridentität aus Sicht der Behörde gar nicht wirklich feststeht.

Die Bußgeldstelle hofft natürlich in der Regel, dass Sie noch irgendetwas zur Richtigkeit des Vorwurfs sagen werden. Im Übrigen kann ohne förmliche Zustellung („Postzustellungsurkunde“) niemand beweisen, dass Sie überhaupt einen solchen Bogen erhalten haben.

Der Anhörungsbogen lässt eigentlich nie direkt erkennen, welche Rechtsfolgen drohen. Immer wird jedoch entweder eine „BkatNr." oder eine „TBNR" angegeben. Erstere verweist auf den Bußgeldkatalog, letztere auf den parallel existierenden und nahezu deckungsgleichen bundeseinheitlichen Tatbestandskatalog, der den Bußgeldkatalog in Verwaltungsdeutsch übersetzt.

Praxistipp

Beide Kataloge kann man in der jeweils aktuellen Version im Internet unter www.kba.de (Homepage des Kraftfahrtbundesamtes in Flensburg) nachlesen und herunterladen. Die Verkehrsverstöße sind numerisch geordnet, es ist daher relativ einfach, den Sie betreffenden Tatbestand zu finden.

Nicht zu vernachlässigen ist auch, dass die Verwaltungsbehörde oft die Beantwortung des Anhörungsbogens abwartet. Angesichts der Verjährung kann ein „Nichtstun" unter Umständen dazu führen, dass das Verfahren behördenintern einfach „vergessen" wird. Diese (wenn auch nur geringe) Chance sollten Sie nutzen.

Praxistipp

Ist ein naher Angehöriger (Kind, Eltern, Geschwister) von Ihnen gefahren, so müssen Sie dies keinesfalls preisgeben. Hier haben Sie ein sogenanntes Zeugnisverweigerungsrecht. Sie können im Anhörungsbogen etwa angeben: „Der Fahrzeugführer ist ein naher Angehöriger – ich verweigere jede Aussage."

Muss ich ein Fahrtenbuch führen, wenn ich auf Behördenschreiben nicht antworte?

Vor der Fahrtenbuchauflage haben die meisten Autofahrer verständlicherweise Angst. Grundsätzlich besteht eine solche Möglichkeit natürlich, wenn der Fahrer des Fahrzeugs nicht benannt werden kann – die meisten Behörden werden jedoch von einer derartigen Maßnahme Abstand nehmen. Immerhin sind Bußgeldsachen Massenverfahren! Die Praxis ist in dieser Hinsicht jedoch regional sehr unterschiedlich, sodass hier tatsächlich Vorsicht geboten ist.

Faustformel: Je erheblicher der Verstoß, desto eher ist bei fehlender Mitwirkung bei Klärung der Täteridentität mit einer Fahrtenbuchauflage zu rechnen. Ausreichend sind bereits nicht geklärte Verstöße, für die Punkte in Flensburg vergeben werden.

! *Praxistipp*

Geben Sie am besten gegenüber der Bußgeldstelle zunächst einmal gar keine Antwort auf den Anhörungsbogen ab, falls dieser nicht förmlich zugestellt wurde – schicken Sie ihn also nicht zurück! Dies ist allemal besser, als mitzuteilen, dass man selbst nicht wisse, wer der Fahrer war – eine solche Antwort fordert geradezu eine Fahrtenbuchauflage heraus! Die Situation ist dies natürlich eine andere, wenn Ihnen schon einmal ein Fahrtenbuch von derselben Behörde angedroht wurde. Ist ausnahmsweise gegen Zustellungsurkunde förmlich ein Anhörungsbogen zugestellt worden, sollten Sie aber schon reagieren.

Was passiert, wenn der Fahrer auf dem Foto nicht benannt wird?

Kann die Bußgeldstelle den Fahrer nicht auf dem Messfoto erkennen, so wird oft beim Halter des Fahrzeugs nachgefragt. Ebenso ist die Situation, wenn der angeschriebene Fahrer erklärt, er sei nicht auf dem Foto zu sehen, ein anderer müsse somit gefahren sein.

> ***Beispiel***
>
> *Auf dem Radarfoto ist eine männliche Person als Fahrzeugführer abgebildet. Halterin des Fahrzeugs ist Frau Müller. Diese wird zunächst von der Bußgeldstelle ein Schreiben zur Fahrerermittlung erhalten. Teilt sie der Behörde den Namen des Fahrers nicht mit, so wird weiter ermittelt.*

Oft wird bei Anhaltspunkten hinsichtlich der Identität des Fahrers auf die Lichtbilder zurückgegriffen, die bei der Meldebehörde vorhanden sind. Dies führt dann zu einem Fotovergleich. Eigentlich darf die Bußgeldstelle dies nicht, die Ergebnisse des Lichtbildvergleichs sind jedoch verwertbar.

Kann der Fahrer hierdurch nicht identifiziert werden, so wird – jedenfalls bei Geldbußen ab 60 Euro (für die also Punkte drohen) –, regelmäßig die für den Aufenthaltsort des Halters zuständige Polizei oder Ordnungsbehörde beauftragt, den Fahrer zu identifizieren. Der Mitarbeiter des Ordnungsamtes oder ein Polizeibeamter erscheint dann am Halterwohnsitz und befragt die Familie des Halters und Nachbarn unter Vorlage des Tatfotos.

Achtung

Zulässig ist auch (und zwar selbst in „Allerweltsfällen" ohne drohendes Fahrverbot) ein Durchsuchungsbeschluss durch das Amtsgericht – derartiges findet oft bei Motorradfahrern statt um diese durch aufgefundene Kleidungsstücke/Helme etc. anhand des Messfotos identifizieren zu können.

Verfahren ohne Folgen: die Einstellung

Bestehen trotz der Ermittlungen der Bußgeldstelle noch Zweifel an Ihrer Tatbegehung oder der Täterschaft, so stellt die Behörde das Verfahren ein. Das Gesetz kennt zwei Arten der Einstellung:

- die Einstellung mangels Tatverdachts
- und die Einstellung nach § 47 OWiG, wenn es trotz möglichen Verstoßes einer Ahndung nicht bedarf.

Praxistipp

Beide Einstellungen werden nicht in das Flensburger Fahreignungsregister eingetragen. Es gibt also keine Punkte!

Die erstgenannte Art der Einstellung findet nur bei der Verwaltungsbehörde statt und entspricht eigentlich dem Freispruch durch das Gericht.

In Fällen, in denen dem Gericht oder auch der Straßenverkehrsbehörde eine Ahndung nicht geboten erscheint, kann sie das Verfahren nach § 47 OWiG einstellen. In der Regel ist dies im gerichtlichen Verfahren ohne Zustimmung der Staatsanwaltschaft möglich. Etwas anderes gilt nur, wenn die Staatsanwaltschaft an der Hauptverhandlung teilnehmen will oder die Geldbuße des Bußgeldbescheides 100 Euro überschreitet. Dann kann das Gericht jedoch nach Durchführung der Hauptverhandlung ohne Zustimmung der Staatsanwaltschaft einstellen. Die Verfahrenskosten (also die der Behörde oder des Gerichts) müssen vom Betroffenen nicht getragen werden – dieser muss aber in der Regel seine eigenen Auslagen tragen.

Wann eine Einstellung geboten scheint, ist nirgendwo festgelegt. Anhaltspunkte hierfür können sein:

- die Bedeutung des Verstoßes,
- eine fehlende Gefährdung anderer Verkehrsteilnehmer durch den Verstoß,
- nachträgliche, für den Betroffenen günstigere Beschilderungen,
- Klärung des Verstoßes ist nur durch aufwendige und daher unverhältnismäßige Maßnahmen möglich (zum Beispiel durch ein Sachverständigengutachten),
- Mitverschulden gefährdeter/geschädigter anderer Verkehrsteilnehmer,
- ein Geständnis in zweifelhafter Beweissituation,
- fehlende Voreintragungen in der Verkehrssünderdatei,
- ungeklärte schwierige verwaltungsrechtliche Vorfragen,

- Eigenschaden des Betroffenen, zum Beispiel bei verschuldeten Verkehrsunfällen,
- Ahndung widerspricht der sonst üblichen Verwaltungspraxis,
- möglicherweise gegebener Irrtum, der aber die Strafbarkeit nicht genommen hat,
- mangelnde Reife bzw. mangelndes Einsichtsvermögen Jugendlicher oder Heranwachsender,
- lange Verfahrensdauer.

Praxistipp

Die Einstellung darf weder mittelbar noch unmittelbar von der Zahlung einer Geldauflage abhängig gemacht werden. Das Angebot, einige hundert Euro an eine gemeinnützige Einrichtung spenden zu wollen, um ein Fahrverbot durch Verfahrenseinstellung zu umgehen, ist daher wertlos.

So legen Sie Einspruch gegen den Bußgeldbescheid ein

Stellt die Bußgeldstelle das Verfahren nicht ein, so erlässt sie einen Bußgeldbescheid. Vor der inhaltlichen Richtigkeit des Vorwurfs müssen Sie klären, ob der Bußgeldbescheid überhaupt wirksam ist. Fehlt nämlich ein wirksamer Bußgeldbescheid, so ist dem gerichtlichen Verfahren seine Grundlage entzogen.

Achtung

Auch der Eintritt der Verjährung kann die Folge einer solchen Unwirksamkeit sein – das Verfahren wird in einem solchen Fall eingestellt.

Für die Wirksamkeit des Bußgeldbescheides ist erforderlich, dass er

- einen bestimmten Lebenssachverhalt (wenigstens kurz) schildert,
- das Tatdatum angibt,
- den Tatort nennt,
- den Täter nennt,
- und eine Rechtsfolge (Geldbuße oder Geldbuße mit Fahrverbot; aber nicht: nur Fahrverbot) enthält.

Praxistipp

Kleinere Unrichtigkeiten (zum Beispiel falsche Fahrtrichtung, nicht ganz richtige Uhrzeit, Verschreiber im Namen usw.) sind unschädlich. Nur wenn für den Betroffenen gar nicht mehr zu erkennen ist, was ihm eigentlich vorgeworfen wird, führt dies zu einer Unwirksamkeit. Dies ist jedoch die absolute Ausnahme. Wurde er vor Ort von der Polizei angehalten, weiß er immer worum es geht.

Diese Form- und Fristvorgaben sind zu beachten

Der Einspruch ist schriftlich oder unmittelbar bei der Verwaltungsbehörde einzulegen. Es muss immer klar sein, von wem das Einspruchsschreiben herrührt. Nicht erforderlich für die Wirksamkeit der Einspruchseinlegung ist die Angabe der Geschäftsnummer/des Aktenzeichens der Verwaltungsbehörde.

> **!** *Praxistipp*
>
> Sie können Ihren Einspruch auch per Fax oder Computerfax einreichen. Auch E-Mails werden oft akzeptiert, die Rechtsprechung verneint hier jedoch eine ausreichende Schriftform. Es ist daher genauso wie von telefonischen Einspruchseinlegungen abzuraten.

Die Einspruchsfrist beträgt zwei Wochen. Diese Frist beginnt mit der Zustellung des Bußgeldbescheides. Fällt das Fristende auf einen gesetzlichen Feiertag oder Samstag/ Sonntag, so ist der nächste Werktag maßgeblich.

Es ist dringend zu raten, sich telefonisch über den Eingang des Einspruchs und dessen Rechtzeitigkeit rückzuversichern.

Wann ist die Einspruchsrücknahme sinnvoll?

Hat Ihr Einspruch wenig Aussicht auf Erfolg oder drohen weitere Schwierigkeiten, wie etwa zusätzliche Verfahrenskosten, Ordnungsgelder gegen nicht erschienene (Ihnen nahe stehende) Zeugen oder Unannehmlichkeiten durch die Ladung des Chefs als Zeugen, so können Sie Ihren Einspruch jederzeit wieder zurücknehmen. Auch hierbei ist wieder die Einhaltung der Schriftform wichtig.

Praxistipp

Selbst in der Hauptverhandlung ist dies möglich und zwar durch einfache Erklärung zu Protokoll.

Auch im Hinblick auf anstehende Tilgungen von Punkten im Flensburger Fahreignungsregister kann zunächst eine Einspruchseinlegung und später eine Einspruchsrücknahme taktisch sinnvoll sein – nämlich dann, wenn in den nächsten Wochen und Monaten alte Punkte getilgt werden und zum Beispiel wegen Erreichen der 8-Punkte-Grenze eine Fahrerlaubnisentziehung drohen würde.

Die Rücknahme des Einspruchs in der Hauptverhandlung erspart auch Kosten, die im Falle eines Urteils entstehen. Wer rechtsschutzversichert ist, braucht auf solche Kostengesichtspunkte natürlich in der Regel keine Rücksicht zu nehmen.

Einspruchsfrist nicht eingehalten?

Wurde der Einspruch nicht wirksam eingelegt, so wird er als unzulässig verworfen. Je nachdem, wo die Verwerfung erfolgte, ist wie folgt vorzugehen:

- Verwerfungsbescheid der Bußgeldstelle: Hier ist innerhalb von zwei Wochen ab Zustellung des Bescheides „Antrag auf gerichtliche Entscheidung" möglich.
- Verwerfungsbeschluss des Gerichtes: In diesem Fall ist binnen einer Woche ab Zustellung des Beschlusses sofortige Beschwerde einzulegen.

Waren Sie zur Zeit der Zustellung im Urlaub, erkrankt etc. und haben deshalb die Einspruchsfrist nicht eingehalten? In Fällen wie diesen können Sie einen „Antrag auf Wiedereinsetzung in den vorigen Stand" stellen – und zwar schriftlich, unter gleichzeitiger Einspruchseinlegung sowie unter Darstellung und Glaubhaftmachung des Grundes der Verhinderung. Dies muss binnen einer Woche nach Wegfall des Grundes geschehen. Für die Glaubhaftmachung eignen sich im Falle des Urlaubs etwa Reiseunterlagen. Sinnvoll sind auch stets ausführliche schriftliche Erklärungen Dritter. Die eigene Erklärung ist dagegen nie ein Mittel der Glaubhaftmachung.

Praxistipp

Auch das Überschreiten der üblichen Postlaufzeiten, auf die jeder vertrauen darf, stellt einen Wiedereinsetzungsgrund dar.

Gegen den Verwerfungsbescheid der Verwaltungsbehörde ist wiederum der befristete Antrag auf gerichtliche Entscheidung, gegen den gerichtlichen Verwerfungsbeschluss die befristete sofortige Beschwerde möglich.

Achtung

Hat die Bußgeldstelle bereits Wiedereinsetzung wegen unverschuldeter Versäumung der Einspruchsfrist gewährt, so darf das Gericht dies selbst nicht mehr prüfen.

Highlights aus dem großen Programm.

NEU

Gut gelaunt – erfolgreich

128 Seiten, € 6,90
ISBN 978-3-406-66826-5
www.beck-shop.de/bdyadr

Angeleitet durch zahlreiche Übungen führt Sie der Ratgeber durch ein »4-Stufen-Programm« für mehr Wohlbefinden: 1. Erfolgsbewusstsein schaffen, 2. Aufrichtiges Enttarnen von Bedürftigkeiten, 3. Loslassen hinderlicher Strukturen, 4. Stärken der eigenen Persönlichkeit.

NEU

Wer bin ich? Wo will ich hin?

128 Seiten, € 6,90
ISBN 978-3-406-66824-1
www.beck-shop.de/bdyado

»Wer bin ich?« – fast jeder Mensch ist auf der Suche nach Antworten auf diese Frage. Gezielte Unterstützung liefert dieser Ratgeber. Er hilft Ihnen in ganz einfachen Schritten zu erkennen, wie Ihre Persönlichkeit geprägt ist, was eine starke Persönlichkeit ausmacht und wie sie sich gestalten lässt.

Beck kompakt

Einfach Bescheid wissen!

NEU

Eine Minute für Ihr Glück!

128 Seiten, € 6,90
ISBN 978-3-406-66820-3
www.beck-shop.de/bdyadj

Wer sein »Glück« selbst in die Hand nimmt, macht sich unabhängig von äußeren Faktoren und findet Stück für Stück sein Glück in sich selbst. In 111 Tipps zeigt Ihnen dieser Ratgeber, wie Sie schon in einer einzigen Minute Ihr Glück finden und vergrößern können.

NEU

Glückwunsch!

128 Seiten, € 6,90
ISBN 978-3-406-67089-3
www.beck-shop.de/behefv

Anlässe für Reden im geschäftlichen oder privaten Umfeld gibt es viele. Aber wie finden Sie die passenden Worte dazu? Für fast jede Gelegenheit liefert Ihnen dieser Ratgeber nützliche Hinweise und praktische Beispiele für eine gelungene und professionelle Rede.

Highlights aus dem großen Programm.

Sicherheit beim Surfen und Kommunizieren im Internet

128 Seiten, € 6,90
ISBN 978-3-406-64690-4
www.beck-shop.de/zezol

Gefahren lauern im Netz überall. Der Ratgeber deckt klar und verständlich Fallstricke der Internet-Nutzung auf und erklärt anhand konkreter Tipps, wie Sie Sicherheitslücken effektiv vermeiden können.

Betriebliche Kennzahlen

128 Seiten, € 6,90
ISBN 978-3-406-66822-7
www.beck-shop.de/bdyadl

Dieser Ratgeber erklärt für jedermann verständlich die gebräuchlichsten Kennzahlen und beantwortet rundum alle Fragen: Was bedeuten sie? Wofür brauche ich sie? Woher bekomme ich die Zahlen? Wie errechne ich die Kennzahlen? Wie kann ich die Kennzahlen verbessern?

Highlights aus dem großen Programm.

2. Auflage

Starthilfe für Freiberufler

128 Seiten, € 6,90
ISBN 978-3-406-67188-3
www.beck-shop.de/besfat

Das erste Jahr einer Freiberuflichkeit hält allerlei Hürden bereit, angefangen bei der Anmeldung beim Finanzamt, der richtigen Honorarkalkulation bis hin zu dem wichtigen Thema Kundenakquise. Für alle Themen liefert dieser Ratgeber praktikable Lösungen.

Bestseller

Die Patientenverfügung

128 Seiten, € 6,90
ISBN 978-3-406-66219-5
www.beck-shop.de/bcvolj

Haben Sie für den Notfall richtig vorgesorgt? Wenn Sie jetzt gerade ein schlechtes Gewissen haben, dann packen Sie die Gelegenheit beim Schopfe. Dieses Buch wird Ihnen dabei helfen, die für Sie richtige Patientenverfügung zu schreiben. Praxishinweise und Beispiele helfen bei Ihren Entscheidungen.

Beck kompakt

Einfach Bescheid wissen!

Bestseller

Business-Knigge

128 Seiten, € 6,90
ISBN 978-3-406-66222-5
www.beck-shop.de/bcvoli

Im Arbeitsalltag lauern viele Kniggefallen: Ob Berufseinsteiger oder Manager – Stunde für Stunde widmet sich dieses Buch typischen Situationen im Büro, in Meetings, bei Veranstaltungen oder auf Reisen. Mehr als 100 Tipps helfen, heikle Situationen sicher zu bestehen.

Bestseller

Die ersten 100 Tage im neuen Job

128 Seiten, € 6,90
ISBN 978-3-406-64825-0
www.beck-shop.de/zrfou

Wie Sie Ihre Persönlichkeit positiv in den ersten 100 Tagen einsetzen und entwickeln – dabei wird Sie dieser Ratgeber gezielt unterstützen. Denn Auftreten, Authentizität und der Beziehungsaufbau zu Menschen sind in den ersten Monaten im neuen Job enorm wichtig.

Das komplette Programm von A – Z:

Abmahnung und Kündigung	ISBN	978-3-406-60266-5
Abofallen im Internet	ISBN	978-3-406-65644-6
Angstfrei arbeiten	ISBN	978-3-406-60843-8
Alleinerziehend – Meine Rechte	ISBN	978-3-406-62590-9
Betreuungsfall – was nun?	ISBN	978-3-406-64686-7
Betriebliche Kennzahlen **NEU**	ISBN	978-3-406-66822-7
Betriebswirtschaftliche Formelsammlung	ISBN	978-3-406-60283-2
Bewerbungs-Check	ISBN	978-3-406-59356-7
BGB Crashkurs (€ 9,90) **Bestseller**	ISBN	978-3-406-63681-3
Bilanzen lesen und verstehen	ISBN	978-3-406-57176-3
BilMoG und MikroBiLG	ISBN	978-3-406-64829-8
Burn-out **Bestseller**	ISBN	978-3-406-60846-9
Business-English	ISBN	978-3-406-60265-8
Business-Knigge **3. AUFLAGE**	ISBN	978-3-406-66222-5
BWL Basiswissen	ISBN	978-3-406-57805-2
Change!	ISBN	978-3-406-58557-9
Crashkurs Networking	ISBN	978-3-406-66224-9
Crashkurs PR **2. AUFLAGE**	ISBN	978-3-406-65978-2
Depression	ISBN	978-3-406-64823-6
Das Arbeitszeugnis **Bestseller**	ISBN	978-3-406-57801-4
Das kann ich!	ISBN	978-3-406-64086-5
Das perfekte Verkaufsgespräch	ISBN	978-3-406-60278-8
Das Vorstellungsgespräch	ISBN	978-3-406-60261-0
Der Aufsichtsrat (€ 9,90)	ISBN	978-3-406-63354-6
Der neue Bußgeldkatalog **2. AUFLAGE**	ISBN	978-3-406-66083-2

Beck kompakt

Einfach Bescheid wissen!

Der Pflichtteil: Die Rechte der Enterbten	ISBN	978-3-406-64688-1
Der Schreibcoach	ISBN	978-3-406-62585-5
Die ersten 100 Tage im neuen Job **Bestseller**	ISBN	978-3-406-64825-0
Die besten Entspannungstechniken	ISBN	978-3-406-62587-9
Die E-Bilanz	ISBN	978-3-406-63413-0
Die neue Pflegeversicherung **Bestseller**	ISBN	978-3-406-63467-3
Die Patientenverfügung **3. AUFLAGE**	ISBN	978-3-406-66219-5
Die 115 wichtigsten Finanzkennzahlen (€ 9,80)	ISBN	978-3-406-60842-1
Eine Minute für Ihr Glück **NEU**	ISBN	978-3-406-66820-3
Elternunterhalt **2. AUFLAGE**	ISBN	978-3-406-66277-5
Erbschaftsteuer sparen	ISBN	978-3-406-64915-8
Erfolg beginnt im Kopf	ISBN	978-3-406-60262-7
Erfolgsrhetorik	ISBN	978-3-406-57178-7
Feng Shui im Büro **Bestseller**	ISBN	978-3-406-61778-2
GbR, UG, GmbH & Co	ISBN	978-3-406-60881-0
Gedächtnistraining **2. AUFLAGE**	ISBN	978-3-406-66221-8
Gelassenheit im Job	ISBN	978-3-406-63356-0
Gesundheit am Arbeitsplatz	ISBN	978-3-406-61771-3
Glückwunsch! **NEU**	ISBN	978-3-406-67089-3
Gut gelaunt – erfolgreich **NEU**	ISBN	978-3-406-66826-5
Gut reicht völlig	ISBN	978-3-406-64821-2
Hartz IV & ALG 2 **3. AUFLAGE**	ISBN	978-3-406-62455-1
HGB Crashkurs	ISBN	978-3-406-63679-0
IFRS Kennzahlen Dictionary (€ 9,80)	ISBN	978-3-406-61769-0
Information Overload	ISBN	978-3-406-60841-4

Das komplette Programm von A – Z:

Körpersprache **Bestseller**	ISBN	978-3-406-64084-1
Konflikte lösen	ISBN	978-3-406-64080-3
Internetauftritt	ISBN	978-3-406-62592-3
Karriereturbo Headhunter	ISBN	978-3-406-64827-4
Legal arbeiten ohne Steuern und Sozialversicherung	ISBN	978-3-406-62624-1
Logisch denken	ISBN	978-3-406-60844-5
Mein Testament	ISBN	978-3-406-57798-7
Mietnebenkosten-Abrechnung **Bestseller**	ISBN	978-3-406-59394-9
Mitarbeitergespräche	ISBN	978-3-406-61776-8
Mit Gelassenheit zum Erfolg	ISBN	978-3-406-66228-7
Mit Leichtigkeit zum Ziel	ISBN	978-3-406-66226-3
Mobbing	ISBN	978-3-406-59291-1
MPU – Was man wissen muss	ISBN	978-3-406-63337-9
Nachbarrecht	ISBN	978-3-406-64684-3
Networking mit Xing, Facebook & Co. **Bestseller**	ISBN	978-3-406-62809-2
99 ultimative Tipps für die Karriereleiter	ISBN	978-3-406-65502-9
Personalführung (€ 9,90)	ISBN	978-3-406-66212-6
Produktmanagement	ISBN	978-3-406-58559-3
Professionelles Projektmanagement	ISBN	978-3-406-61988-5
Projektmanagement	ISBN	978-3-406-63358-4
Psychologie für Führungskräfte **Bestseller**	ISBN	978-3-406-59357-4
Reiserecht	ISBN	978-3-406-61767-6
Richtig vererben unter Ehegatten **NEU**	ISBN	978-3-406-64074-2
Schenkung von Immobilien	ISBN	978-3-406-64917-2
Schlagfertigkeit	ISBN	978-3-406-57174-9
Schneller Lesen	ISBN	978-3-406-59362-8

Entscheidung im schriftlichen Verfahren?

In der Regel wird über Verkehrsordnungswidrigkeiten (nach Einspruch gegen den Bußgeldbescheid) vor dem zuständigen Amtsgericht nach Durchführung einer Hauptverhandlung entschieden. Zuständig ist grundsätzlich das Amtsgericht, in dessen Bezirk die Behörde, die den Bußgeldbescheid erlassen hat, ihren Sitz hat. Es gibt aber zahlreiche landesrechtliche Regelungen zur Zuständigkeit. Diese sollten gegebenenfalls bei der Verwaltungsbehörde erfragt werden.

Möglich ist aber auch eine Verfahrensbeendigung ohne Hauptverhandlung, also im schriftlichen Verfahren. Hierfür muss das Gericht eine Hauptverhandlung für nicht erforderlich halten. Des Weiteren darf kein Widerspruch der Staatsanwaltschaft zu dem schriftlichen Verfahren vorliegen – hieran fehlt es nie, da die Staatsanwaltschaft zumeist pauschal bei der Übermittlung der Akte von der Verwaltungsbehörde über die Staatsanwaltschaft an das Gericht ihre Zustimmung zum schriftlichen Verfahren erklärt. Für den Betroffenen ist ferner wichtig, dass auch er ein Widerspruchsrecht hat.

In das schriftliche Verfahren kann jederzeit übergegangen werden. Das Gericht muss Sie jedoch auf die beabsichtigte Verfahrensbeendigung im schriftlichen Verfahren und hierbei auch über die Widerspruchsmöglichkeit bzw. die hierfür geltende Erklärungsfrist von zwei Wochen ab Zustellung des Hinweises hinweisen.

Für den Betroffenen gilt (anders als nach der Hauptverhandlung) ein sogenanntes Verschlechterungsverbot. Er darf also durch den Beschluss im schriftlichen Verfahren nicht schlechter stehen als im angefochtenen Bußgeldbescheid.

Achtung

Hier gilt eine Besonderheit: Da zwischen Geldbuße und Fahrverbot eine Wechselwirkung besteht, kann so eine höhere Geldbuße festgesetzt werden, wenn vom Fahrverbot abgesehen wird.

Praxistipp

Mit dem schriftlichen Verfahren sollte man im Bereich der Fahrverbotsfälle nur dort einverstanden sein, wo der zuständige Richter konkrete Zusagen zur Rechtsfolge macht. Versuchen Sie daher am besten, frühzeitig mit dem zuständigen Richter zu telefonieren. Mit diesem wird in der Regel ein offenes Gespräch möglich sein, zumal er bei Verzicht aller Verfahrensbeteiligten sogar auf eine Begründung seines Beschlusses verzichten kann. Ansonsten ist wohl der beste Rat: Mit dem Einspruch ist auch dem schriftlichen Verfahren zu widersprechen.

Der Widerspruch ist zwar an keine Form gebunden, aus Sicherheitsgesichtspunkten ist es jedoch besser, die Schriftform zu wählen.

Hat das Gericht trotz des Widerspruchs im schriftlichen Verfahren entschieden und wollen Sie diese Entscheidung anfechten, so sollten Sie Rechtsbeschwerde einlegen – überlassen Sie die Begründung binnen eines Monats nach Zustellung der Entscheidung unter Umständen jedoch besser einem „Profi", sprich: Rechtsanwalt. Die Begründungsanforderungen in diesen Fällen sind nämlich immens hoch.

Zuletzt besteht natürlich noch die bereits dargestellte Möglichkeit der Einstellung nach § 47 OWiG. Diese kann das Gericht in oder außerhalb einer Hauptverhandlung durch Einstellungsbeschluss vornehmen.

Und das passiert in der Hauptverhandlung

Vor der Hauptverhandlung beim Amtsgericht brauchen Sie keine Angst zu haben – sie wird in einfachen Fällen mit einem oder zwei Zeugen regelmäßig etwa eine halbe Stunde dauern. Hilfreich ist es aber, den Ablauf zu kennen:

1. Die Verhandlung beginnt mit dem Aufruf der Sache.
2. Der Richter stellt sodann fest, wer erschienen ist.
3. Zeugen und ggf. auch Sachverständige werden über ihre Pflichten aufgeklärt und verlassen den Sitzungssaal.
4. Ihre Personalien werden abgefragt – Sie müssen wahrheitsgemäße Angaben machen zu: Vorname, Nachname, Geburtsname, Geburtstag, Geburtsort, Familienstand, Beruf, Wohnanschrift, Staatsangehörigkeit.
5. Anschließend verliest der Richter den Bußgeldbescheid oder gibt zumindest dessen wesentlichen Inhalt bekannt.
6. Die Rechtzeitigkeit des Einspruchs wird festgestellt.
7. Sie werden darüber belehrt, dass Sie zur Sache nichts sagen müssen.

8. Sodann können Sie Ihre Aussage machen (Juristen sprechen hier von einer „Einlassung"). Sie haben aber auch das Recht zu schweigen (siehe Punkt 7).

9. Erscheinen Sie nicht zum Termin, weil Sie ausnahmsweise vom Gericht von Ihrer Erscheinenspflicht entbunden wurden, so kann eine von Ihnen abgegebene schriftliche Erklärung als Ihre Aussage verlesen werden.

10. Im Anschluss werden die Beweise erhoben („Beweisaufnahme"). Es werden Zeugen und Sachverständige gehört, Urkunden verlesen (zum Beispiel Eichscheine, Messprotokolle) und Gegenstände (zum Beispiel Messfotos) in Augenschein genommen.

11. Auch der Verkehrszentralregisterauszug mit den verkehrsrechtlichen Voreintragungen wird verlesen.

12. Nachdem alle Beweise in der Verhandlung gewürdigt wurden, erklärt der Richter die Beweisaufnahme für geschlossen

13. Sie haben jetzt das Recht des letzten Wortes und können hier nochmals ausführlich Stellung nehmen. Sind Staatsanwaltschaft und Verteidiger anwesend, so plädiert erst Staatsanwaltschaft und dann die Verteidigung. Das Recht des letzten Wortes kann im Anschluss wahrgenommen werden.

14. Am Ende der Verhandlung verkündet der Richter dann sein Urteil und begründet dies mündlich. Sie werden zudem über mögliche Rechtsmittel und über ein eventuell verhängtes Fahrverbot belehrt.

Was droht, wenn Sie nicht bei Gericht erscheinen?

Das Gericht verschiebt den Gerichtstermin, wenn Sie unverschuldet – etwa wegen Krankheit – nicht erscheinen. Wichtig ist jedoch immer, dass Sie aussagekräftige Unterlagen vorlegen können (nicht nur Arbeitsunfähigkeitsbescheinigungen), wenn Sie eine Terminverlegung erreichen wollen.

Sind Sie aber unentschuldigt nicht erschienen, so wird der Einspruch durch Urteil verworfen. Dieses Urteil ist mit einer schriftlichen Rechtsmittelbelehrung versehen und wird dem Betroffenen förmlich zugestellt.

Praxistipp

Waren Sie unverschuldet verhindert, so können sie „Wiedereinsetzung in den vorigen Stand" beantragen. Ein derartiges Vorgehen kommt etwa in Betracht, wenn der Betroffene plötzlich vor der Verhandlung erkrankt ist. Wie bereits bei der Wiedereinsetzung in die Einspruchsfrist dargestellt, bedarf es einer Begründung des Wiedereinsetzungsantrags und einer Glaubhaftmachung der Gründe.

Denkbar ist auch eine Verhandlung in Ihrer Abwesenheit – man kann sich hier von einem Verteidiger vertreten lassen, muss es aber nicht tun. Egal ob mit oder ohne Verteidiger: Der Betroffene muss sich zuvor von seiner Pflicht zum persönlichen Erscheinen entbinden lassen. Das Gericht muss einem derartigen Antrag nachkommen, wenn von dem Erscheinen des Betroffenen keine weitere Sachaufklärung zu erwarten ist. Dies ist der Fall, wenn der Betroffene bereits eine Erklärung abgegeben hat oder erklärt, er werde zur Sache keine Ausführungen machen. Da aber meist die Täteridentifizierung (Stichwort: Lichtbildvergleich) vorzunehmen ist, kann sich hieraus aber die Unmöglichkeit der Entbindung ergeben. Wer also nicht erscheinen will, sollte immer zumindest seine Fahrereigenschaft zugestehen. In der Regel bietet es sich aber an, den Gerichtstermin auch selbst wahrzunehmen, da vor allem Besonderheiten der Tatbegehung oder auch Fahrverbotshärten nur durch Sie selbst in einem persönlichen Gespräch mit dem Richter „vernünftig" dargestellt werden können. Oftmals werden nämlich auch Aussagen des Fahrers ohne den unterstützenden persönlichen Eindruck als nicht glaubhafte Schutzbehauptung abgetan.

Der Entbindungsantrag kann etwa lauten:

> ***Formulierungsvorschlag***
>
> *Hiermit beantrage ich, mich von der Pflicht zum persönlichen Erscheinen in der Sitzung vom ... zu befreien. Ich gebe zu, zur Tatzeit Fahrer des Fahrzeugs gewesen zu sein, das im Bußgeldbescheid genannt ist. Im Übrigen mache ich keine Angaben zur Sache. (Denkbar ist auch eine weitergehende schriftliche Stellungnahme zum Sachverhalt, die dann vom Gericht in der Sitzung verlesen wird.)*

Übrigens: Ihr Erscheinen als Betroffener kann nicht erzwungen werden – auch nicht durch Ordnungsmittel (zum Beispiel Ordnungsgeld).

Der nicht erscheinende Zeuge kann hingegen mit einem Ordnungsgeld belegt werden (Dies ist die Regel!) und vor allem auch polizeilich vorgeführt werden. Jedenfalls die polizeiliche Vorführung kann durch Einspruchsrücknahme des Betroffenen verhindert werden.

Was muss ich nach einer Verurteilung tun?

Gegen ein (verurteilendes) Urteil gibt es je nach festgesetzter Urteilsrechtsfolge folgende Möglichkeiten:

- Antrag auf Zulassung der Rechtsbeschwerde, wenn kein Fahrverbot angeordnet wurde und die Geldbuße 250 Euro nicht übersteigt,
- Rechtsbeschwerde bei Geldbußen oberhalb von 250 Euro bzw. gegen Urteile mit Fahrverbot.

Die Frist zur (regelmäßig schriftlichen) Einlegung beider Rechtsmittel beträgt eine Woche.

Die Einlegungsfrist beginnt

- mit Urteilsverkündung, wenn der Betroffene bei der Verhandlung anwesend war
- oder nach Zustellung (im Falle eines Abwesenheitsurteils, falls kein bevollmächtigter Anwalt in der Sitzung war).

Formulierungsvorschlag

Für die schriftliche Rechtsmitteleinlegung reicht es aus, wenn Sie schreiben: „…lege ich gegen das Urteil vom … Rechtsbeschwerde ein“. Für den Antrag auf Zulassung der Rechtsbeschwerde bietet sich etwa der Zusatz „…und beantrage deren Zulassung“ an.

Danach wird Ihnen das Urteil mit schriftlichen Urteilsgründen zugestellt. Sie müssen im Anschluss binnen eines Monats das Rechtsmittel durch Anwalt begründen. Also: Spätestens hier muss ein Anwalt beauftragt werden.

Sollte die Rechtsbeschwerde erfolgreich sein, so führt sie in der Regel zu einer Aufhebung und Zurückverweisung an das Amtsgericht. Das Verfahren wird dann nochmals komplett dort durchgeführt.

Auf den Punkt gebracht

- Das Bußgeldverfahren ist einfach strukturiert. Sie brauchen also meist keinen Anwalt. Zunächst werden Sie im Verfahren angehört – hierauf können Sie reagieren, müssen es aber nicht.
- Wird das Verfahren nicht eingestellt, so ergeht ein Bußgeldbescheid, der auf seine Wirksamkeit hin zu prüfen ist.
- In der Regel findet nach einem schriftlichen Einspruch gegen den Bußgeldbescheid eine Hauptverhandlung statt, an der Sie auch teilnehmen müssen. Sie können jedoch auch ausdrücklich beantragen, von der Erscheinenspflicht entbunden zu werden.
- Die Hauptverhandlung folgt einem festen Schema – wichtig ist, dass Sie ausführlich von Ihrem Fragerecht Gebrauch machen und sich von den Zeugen alles genau erklären lassen.
- Wurden Sie wegen der Ordnungswidrigkeit verurteilt, so können Sie hiergegen (Antrag auf Zulassung der) Rechtsbeschwerde einlegen, der dann aber mithilfe eines Rechtsanwaltes zu begründen ist.

Mit diesen Strafen ist zu rechnen

Im Bußgeldverfahren werden keine echten Strafen festgesetzt. Es drohen vielmehr Geldbuße und Fahrverbot, falls nicht die Tat ausnahmsweise verjährt ist. Zudem drohen noch Punkte im Fahreignungsregister, falls Geldbußen ab 60 Euro festgesetzt werden.

Die „richtige" Geldbuße

Die Geldbußenfestsetzung wird im Bußgeldkatalog geregelt, der für eigentlich jede Ordnungswidrigkeit eine Geldbuße zuweist. Die Geldbußen des Bußgeldkatalogs sind zu erhöhen, wenn

- Voreintragungen in Flensburg („Punkte"),
- Vorsatz bei der Tatbegehung oder
- Gefährdungen/Schädigungen Dritter (zum Beispiel bei einem Unfall)

gegeben sind. Dort, wo diese „schärfenden" Gesichtspunkte bereits im Tatbestand der Bußgeldkatalognummer festgesetzt sind, können sie natürlich nicht nochmals Geldbußen erhöhend berücksichtigt werden.

Der Bundeseinheitliche Tatbestandskatalog, der im Gegensatz zum Bußgeldkatalog die Gerichte nicht bei ihrer Rechtsfolgenzumessung bindet, nimmt auf zahlreiche Besonderheiten Rücksicht, die im Bußgeldkatalog nicht ausdrücklich geregelt sind. Oft hilft daher der Blick in diesen etwas unübersichtlichen Katalog weiter, um die Zumessung der Geldbuße verstehen zu können.

Im Straßenverkehrsrecht können (abgesehen von Nebengebieten wie dem Gefahrgutrecht) Bußgelder nur bis 2000 Euro festgesetzt werden. Achtung: Dies gilt aber nur für Vorsatztaten! In Fahrlässigkeitsfällen ist das Bußgeld auf höchstens 1000 Euro beschränkt.

! *Achtung*

Bei einer Drogen- oder Trunkenheitsfahrt nach § 24a StVG sieht das Straßenverkehrsgesetz eine Abweichung hiervon vor: Gemäß § 24a Abs. 4 StVG kann ein Bußgeld von bis zu 3000 Euro festgesetzt werden, also wegen Fahrlässigkeit in Höhe von bis zu 1500 Euro (vgl. § 17 Abs. 2 OWiG).

Definition Verwarnungsgeld

Geldbußen im Bereich von bis zu 55 Euro nennt man Verwarnungsgelder. Sie sind insbesondere für leichtere Verkehrsverstöße von Kraftfahrzeugführern oder auch für Verstöße von Fußgängern und Radfahrern vorgesehen. Im Flensburger Verkehrszentralregister werden derartige Bußen nicht eingetragen. Näheres zu den Verwarnungsgeldern in § 2 BKatV. Verwarnungsgeldfestsetzungen enthalten keine Verfahrenskosten und sind deshalb häufig ein attraktives „Friedensangebot" der Verwaltungsbehörde, zumal keine Eintragung im Register stattfindet.

Bei hohen Geldbußen gilt: Beläuft sich die Geldbuße auf mehr als 250 Euro, so muss das Amtsgericht versuchen, die wirtschaftlichen Verhältnisse des Betroffenen aufzuklären. Hierauf sollte man als Betroffener vorbereitet sein. Wenn eine Ratenzahlung erforderlich ist, sollte man auch dies klar und deutlich sagen.

Das Fahrverbot

Rechtliche Grundlage des Fahrverbotes im Bußgeldverfahren ist § 25 StVG, der zwischen zwei Fahrverboten unterscheidet:

- Das Fahrverbot wegen grober und beharrlicher Verletzung der Pflichten eines Fahrzeugführers. Mit Leben gefüllt wird diese Vorschrift durch den Bußgeldkatalog und die diesem vorangestellte Bußgeldkatalogverordnung.
- Das Fahrverbot nach Trunkenheits- bzw. Drogenfahrt. Hierfür ist im Bußgeldkatalog nur die Länge der Fahrverbotsanordnung geregelt. Das Gesetz sieht hier regelmäßig eine Fahrverbotsverhängung vor.

Definition Fahrverbot

Das Fahrverbot ist die Nebenfolge eines Bußgeldbescheides oder Urteils des Amtsgerichts. Dem Betroffenen ist es für die Dauer von einem Monat bis zu drei Monaten verboten, im Straßenverkehr Kraftfahrzeuge jeder oder einer bestimmten Art zu führen.

Fahrverbot nur für den Fahrer!

Das Fahrverbot kann nur gegen den Fahrer festgesetzt werden, wenn er wegen einer Ordnungswidrigkeit selbst belangt wird und gegen ihn deshalb eine Geldbuße festgesetzt wird.

In einem ersten Schritt muss daher der Betroffene für sich stets prüfen: Lässt sich die Fahrereigenschaft und eine Ordnungswidrigkeit tatsächlich beweisen?

Was steht hierzu im Bußgeldkatalog?

Der Bußgeldkatalog (BKat) und die Bußgeldkatalogverordnung (BKatV) regeln,

- in welchen Fällen,
- unter welchen Voraussetzungen
- und in welcher Höhe die Geldbuße festgesetzt
- und für welche Dauer das Fahrverbot angeordnet

werden soll.

Bußgelder und Fahrverbote können aber auch in Fällen, die nicht im BKat geregelt sind, festgesetzt werden. Dies kommt aber in der Praxis nur bei beharrlichen Verstößen vor. Allenfalls bei schweren Unfällen mag auch gegen einen „Ersttäter" ein nicht im BKat geregeltes Fahrverbot festgesetzt werden.

Wird von der Anordnung eines im BKat vorgesehenen Fahrverbots ausnahmsweise abgesehen, obwohl die Voraussetzungen der Anordnung eigentlich vorliegen, so soll das für den betreffenden Tatbestand als Regelsatz vorgesehene Bußgeld angemessen erhöht werden. Zwischen Bußgeld und Fahrverbot besteht also eine Wechselwirkung.

!

Praxistipp

Nur in Ausnahmefällen kann von einem Regelfahrverbot abgesehen werden. Wichtig ist es daher, derartige Ausnahmefälle ausführlich darzulegen, damit die Bußgeldstelle bzw. das Gericht solche Umstände auch würdigt.

Überblick: Hier drohen Fahrverbote

Verkehrsverstoß	Fundstelle im Gesetz
Geschwindigkeitsverstöße	Nummer 9.1 bis 9.3, 11.1 bis 11.3 BKat, jeweils in Verbindung mit der Tabelle 1 des Anhangs des BKat
Abstandsverstöße	Nummer 12.5.3, 12.5.4. oder 12.5.5 BKat der Tabelle 2 des Anhangs des BKat, soweit die Geschwindigkeit mehr als 100 km/h beträgt, oder Nummer 12.6.3, 12.6.4 oder 12.6.5 BKat der Tabelle 2 des Anhangs des BKat
Überholverstöße	Nummer 19.1.1 und 21.1 BKat
Wenden etc. auf Autobahnen und Kraftfahrstraßen	Nummer 83.3 BKat
Verstöße gegen den Vorrang des Schienenverkehrs	Nummer 89a.2 und 244 BKat
Teilnahme an Fahrzeugrennen als Fahrzeugführer	Nummer 248 BKat
Rotlichtverstöße	Nummer 132.1, 132.2, 132.2.1 oder 152.1 BKat
Geschwindigkeitsüberschreitung von mindestens 26 km/h, wenn bereits eine Geldbuße festgesetzt wurde und innerhalb eines Jahres seit Rechtskraft der ersten Entscheidung eine weitere Geschwindigkeitsüberschreitung von mindestens 26 km/h vorkommt	§ 4 Abs. 2 BKatV

Verkehrsverstoß	Fundstelle im Gesetz
Drogen- und Trunkenheitsfahrten	§ 25 Abs. 1 Satz 2 des Straßenverkehrsgesetzes – Nummer 241, 241.1, 241.2, 242, 242.1 und 242.2 BKat

Grobe Pflichtverletzung

Die grobe Verletzung der Pflichten eines Kraftfahrzeugführers ist der wichtigste Fahrverbotsfall. Der Bundesgerichtshof hat dies so beschrieben: „Die Annahme einer groben Pflichtverletzung setzt zunächst voraus, dass der Zuwiderhandlung in objektiver Hinsicht Gewicht zukommt. Sie ist im Allgemeinen nur bei abstrakt oder konkret gefährlichen Ordnungswidrigkeiten gerechtfertigt, die immer wieder Ursache schwerer Unfälle bilden. Das besondere objektive Gewicht einer Ordnungswidrigkeit vermag indes die Annahme einer groben Pflichtverletzung für sich allein nicht zu tragen. Hinzukommen muss vielmehr, dass der Täter auch subjektiv besonders verantwortungslos handelt. Eine grobe Pflichtverletzung kann ihm nur vorgehalten werden, wenn seine wegen ihrer Gefährlichkeit objektiv schwerwiegende Zuwiderhandlung subjektiv auf grobem Leichtsinn, grobe Nachlässigkeit oder Gleichgültigkeit zurückgeht." Typisch hierfür sind erhebliche Geschwindigkeits- oder Abstands- bzw. Rotlichtverstöße mit mehr als einer Sekunde Rotlichtzeit.

Beharrliche Pflichtverletzung

Beharrlich handelt, wer im Straßenverkehr uneinsichtig wiederholt gegen wichtige Verkehrsvorschriften verstößt.

Praxistipp

Wird ein Fahrverbot wegen beharrlicher Pflichtverletzung zum ersten Mal angeordnet, so ist seine Dauer in der Regel auf einen Monat festzusetzen.

Wiederholte und erhebliche Geschwindigkeitsüberschreitungen innerhalb relativ kurzer Zeit lassen zum Beispiel vermuten, dass der Kraftfahrer im Straßenverkehr ein erhöhtes Maß an Gleichgültigkeit an den Tag legt und deshalb die Folgen eines anzuordnenden Fahrverbotes nicht nur verhältnismäßig, sondern angesichts der Unfallsituation auf unseren Straßen auch zur Einwirkung auf den Betroffenen geboten sind. Dagegen kann ein größerer Abstand zwischen den zu berücksichtigenden Verkehrsverstößen zum Entfallen des Vorwurfes der Beharrlichkeit führen.

Voraussetzung der Annahme einer Beharrlichkeit ist stets das Bestehen eines inneren Zusammenhangs zwischen den früheren Ordnungswidrigkeiten und der neuen Tat.

Die Beharrlichkeit ist im Bußgeldkatalog ausdrücklich nur für den oben genannten Fall wiederholter Geschwindigkeitsüberschreitungen von mehr als 26 km/h innerhalb eines Jahres geregelt.

Nun ist es so, dass der Vorwurf der Beharrlichkeit dem Fahrer bei weitem nicht immer schon dann gemacht werden kann, wenn sich aus dem Flensburger Register Voreintragungen ergeben. Erforderlich ist hierfür

- ein unmittelbarer zeitlicher Zusammenhang (Zeitgrenze liegt etwa bei zwei Jahren – nur ausnahmsweise können ältere Eintragungen berücksichtigt werden),

- ein innerer Zusammenhang der neuen Tat mit den Voreintragungen. Sie müssen ähnlich schwerwiegend sein, auch wenn nicht verlangt wird, dass es sich um wirklich gleichartige Taten handelt. Vergleichbar sind zum Beispiel Rotlichtverstöße, Geschwindigkeitsverstöße und Abstandsverstöße.
- eine gewisse Erheblichkeit der ausgewerteten Verstöße. Ganz leichte Verstöße reichen also nicht aus!

!

Praxistipp

Geschwindigkeitsverstöße müssen mindestens eine Geschwindigkeitsüberschreitung von 20 km/h aufweisen – andernfalls kann eine mehrfache Begehung nicht beharrlich sein und zum Fahrverbot führen. Herabgesetzte Geldbußen bei alten Eintragungen können einem Beharrlichkeitsschluss entgegenstehen!

Hier wurde Beharrlichkeit angenommen:

- *zwei Geschwindigkeitsüberschreitungen (22 km/h und 25 km/h zu schnell); Zeitraum: kürzer als zwei Jahre;*
- *neun Voreintragungen, davon acht wegen Geschwindigkeitsverstößen; neue Tat: 26 km/h Überschreitung;*
- *neun Verstöße innerhalb von zwei Jahren und sechs Monaten; vor der Anlasstat sechs Fahrverbote;*
- *sechs Verstöße (Geschwindigkeitsüberschreitungen um 33 km/h, 21 km/h, 29 km/h, Fristüberschreitung HU („TÜV") und AU, Rotlichtverstoß; nunmehr: qualifizierter Rotlichtverstoß; Zeitraum: drei Jahre und sieben Monate;*

- *neun Geschwindigkeitsüberschreitungen, eine Verurteilung wegen Nötigung, insgesamt elf Eintragungen im VZR, mehrere Fahrverbote; Zeitraum: fünf Jahre;*
- *drei Geschwindigkeitsüberschreitungen (um 22 km/h, 25 km/h und 42 km/h); Zeitraum: zwei Jahre und acht Monate;*
- *vier Geschwindigkeitsüberschreitungen (um 23 km/h, 26 km/h, 29 km/h und 29 km/h) und ein Abstandsverstoß; Zeitraum: zwei Jahre;*
- *drei Geschwindigkeitsüberschreitungen (davon zwei über 26 km/h); Zeitraum: ein Jahr und fünf Monate;*
- *zwei Geschwindigkeitsüberschreitungen (um 24 km/h und 29 km/h); ein Abstandsverstoß; Zeitraum: acht Monate;*
- *zwei Rotlichtverstöße, eine Geschwindigkeitsüberschreitung um 59 km/h; Zeitraum: zwei Jahre;*
- *vier Geschwindigkeitsüberschreitungen (um 21 km/h, 22 km/h, 27 km/h und 30 km/h) und ein Verstoß gegen die Gurtpflicht; Zeitraum: vier Jahre und sechs Monate;*
- *bei viertem Handyverstoß und drei Fahrverboten wegen anderer Taten in den letzten zwei Jahren*

Verneint wurde die Beharrlichkeit aber hier:

- *drei Geschwindigkeitsüberschreitungen (um 22 km/h, 22 km/h und 24 km/h); Zeitraum: ein Jahr und zwei Monate;*
- *drei Geschwindigkeitsüberschreitungen (davon eine – 29 km/h Überschreitung – unmittelbar nach der Anlassverurteilung rechtskräftig geahndet); Anlasstat: 27 km/h zu schnell; Zeitraum: zwei Jahre;*

- *zwei Geschwindigkeitsverstöße (um 25 km/h und 27 km/h); Bußgeldbescheid wegen der ersten Tat erging drei Monate vor der zweiten Tat;*
- *zwei Rotlichtverstöße; Zeitraum: zwei Jahre;*
- *drei Geschwindigkeitsverstöße (um 24 km/h, 25 km/h und 35 km/h); Zeitraum: ein Jahr und zwei Monate;*
- *drei Rotlichtverstöße in zwei Minuten bei mehreren Voreintragungen.*

Kein Fahrverbot bei fehlender Gefahr

Kann es durch den Verstoß zu gar keiner Gefährdung kommen, so spricht man von einer „fehlenden abstrakten Gefahr". Hier können Bußgeldstelle und Gericht vom Fahrverbot absehen.

> *Praxistipp*
>
> Dies gilt jedoch nicht bei „ungewöhnlich hohen Geschwindigkeitsüberschreitungen" (zumindest ab 100 Prozent). Diese stellen durchaus schon deshalb eine abstrakte Gefahr dar, „weil mit ihnen nun wirklich niemand mehr zu rechnen braucht".

In den folgenden Fällen haben die Gerichte unter dem Gesichtspunkt der fehlenden abstrakten Gefahr von einem Fahrverbot abgesehen.

Fehlende abstrakte Gefahr:

- *Überschreitung der Höchstgeschwindigkeit um mehr als 40 km/h auf gut ausgebauter Autobahn, bei trockener Fahrbahn und mäßigem Verkehrsaufkommen;*
- *Geschwindigkeitsüberschreitung um 70 km/h, wenn das Verkehrszeichen der Geschwindigkeitsbeschränkung angebracht war wegen Rollsplitts, der sich nicht mehr auf der Fahrbahn befand;*
- *Geschwindigkeitsverstoß in einem Baustellenbereich an einem Sonntag mit mäßigem Verkehr;*
- *Geschwindigkeitsverstoß im Bereich einer Baustelle am Sonntag durch einen Ersttäter, wenn keine Bauarbeiter an der Baustelle vorhanden sind;*
- *Übersehen eines die Geschwindigkeit begrenzenden Verkehrsschildes durch einen Ersttäter – insbesondere dann, wenn der Verstoß weder zu einer besonders verkehrsreichen Zeit erfolgt, noch mit einer Fremdgefährdung verbunden ist.*

Dagegen reichen geringes Verkehrsaufkommen bei einem Geschwindigkeitsverstoß zur Nachtzeit oder auch ein Verstoß auf einer Bundesstraße zur verkehrsarmen Nachtzeit bei entgegenkommendem, blendendem Verkehr nicht aus, um von einem Fahrverbot loszukommen.

Praxistipp

Es ist natürlich immer schwierig zu beweisen, dass jede Gefährdung Dritter ausgeschlossen war. Hierbei helfen vor allem genaue Beschreibungen des Tatorts. Wichtig sind auch Skizzen, Fotodokumentationen, schriftliche

Zeugenaussagen etc. Fotos oder Videos der Tatortsituation sollten zu einer ähnlichen Zeit wie die Tatbegehung gefertigt werden.

Augenblicksversagen: Kurze Unaufmerksamkeit!

Auch kurze Unaufmerksamkeiten, die in der Rechtsprechung „Augenblicksversagen" genannt werden, hindern die Fahrverbotsanordnung.

Definition Augenblicksversagen

Ein Augenblicksversagen liegt vor, wenn die Ordnungswidrigkeit darauf beruht, dass der Betroffene infolge einfacher Fahrlässigkeit ein die Geschwindigkeit begrenzendes Verkehrszeichen übersehen hat, und keine weiteren Anhaltspunkte vorliegen, aufgrund derer sich die Geschwindigkeitsbeschränkung aufdrängen musste.

! *Achtung*

Der Geschwindigkeitsverstoß an sich ist dann natürlich immer noch vorwerfbar – er ist eben nur nicht so schwerwiegend, dass ein Fahrverbot festgesetzt werden darf.

Augenblicksversagen: Das müssen Sie beachten

- Eine momentane Unaufmerksamkeit fehlt, wenn fünf bis sechs Sekunden zur Erkennbarkeit eines Schildes zur Verfügung stehen.

- Geschwindigkeitstrichter oder eine wiederholte Beschilderung sprechen gegen Augenblicksversagen, sondern für eine besondere Gleichgültigkeit/Nachlässigkeit.
- Wird neben der angeordneten Höchstgeschwindigkeit auch noch eine absolute Höchstgeschwindigkeit (zum Beispiel 80 km/h für Lkw auf einer Bundesautobahn oder 100 km/h für Pkw außerhalb geschlossener Ortschaften) überschritten, so fehlt es am Augenblicksversagen.
- Bei Einfahrt in den Bereich der Geschwindigkeitsbeschränkung kommt es entweder auf die Beschilderungssituation (Mehrfachbeschilderung etc.) an oder auf die sonstige Erkennbarkeit der besonderen Situation (gut sichtbarer Kreuzungsbereich mit vorfahrtsregelnden Schildern; eindeutig geschlossene Bauweise; Fahrbahnschäden; Baustellenbereich großflächiger Beschilderung durch Anzeigetafeln über Autobahn).
- Augenblicksversagen fehlt bei: Ablenkung wegen tiefgehender Gedanken; Ablenkung durch Geschäftsgespräch; Ablenkung durch Telefongespräch; fehlende Anpassung der Geschwindigkeit trotz Blendung; Ablenkung wegen Suche („Bücken in den Fußraum") nach heruntergefallenem Gegenstand; zu hoch eingestellter Tempomat; Unsicherheit bei Fahrzeugprobefahrt.
- Bei Einfahrt in einen verkehrsberuhigten Bereich oder in einen „Tempo-30-Bereich" muss nur der Fahrer auch bei Rückfahrt die Geschwindigkeitsbeschränkung kennen und sich den Vorwurf einer groben Pflichtverletzung gefallen lassen. Mitfahrer oder „Autoabholer" können sich dagegen auf einfach fahrlässige Unkenntnis und damit auf Augenblicksversagen berufen (Ausnahmen: besondere

Pflasterungen; große Tempo-30-Aufschriften auf Fahrbahnen).

!

Praxistipp

Schreiben Sie ausführlich, wie es zu dem Übersehen der Beschilderung gekommen ist. Gibt es Gesichtspunkte, die für eine gesteigerte Nachlässigkeit Ihrerseits sprechen? Stellen Sie dem Gericht oder der Bußgeldstelle Ihre Lage glaubhaft dar. Fotos der Örtlichkeit oder Skizzen helfen hier in der Regel. Auch schriftliche Zeugenaussagen, die im Bußgeldverfahren verlesen werden können, sind regelmäßig hilfreich, sollten aber nicht den Eindruck einer reinen Gefälligkeitsaussage vermitteln.

Verstoß gegen „Polizeirichtlinien"

In zahlreichen Bundesländern gibt es sogenannte verwaltungsinterne „Polizeirichtlinien", die Einzelheiten über die durchzuführenden Geschwindigkeitsmessungen enthalten. Insbesondere sehen sie Abstände für Geschwindigkeitsmessungen ab Beginn der Geschwindigkeitsbeschränkung vor. Nach dem ersten Geschwindigkeitsbegrenzungsschild gilt aber in der Regel eine Messtoleranz von 50 m. Wird sodann eine Messung durchgeführt, bei der gegen Richtlinien für die Geschwindigkeitsüberwachung verstoßen wird, so bleiben die Ergebnisse dieser Messung in vollem Umfange verwertbar. Es kann daher auch kein Freispruch stattfinden.

Praxistipp

Bei einem Verstoß gegen diese Richtlinien darf in der Regel kein Fahrverbot festgesetzt werden – die Geldbuße droht hier aber trotzdem.

Folgende Mindestabstände zum Beginn der Geschwindigkeitsbeschränkung sind bei Messungen vorgesehen:

Baden-Württemberg: 150 m

Bayern: 200 m

Berlin: 75 m; aber 150 m hinter Ortstafeln an der Landesgrenze

Brandenburg: 150 m

Bremen: 150 m

Hamburg: Keine Regelung

Hessen: 100 m

Mecklenburg-Vorpommern: 100 m; auf Autobahnen und Kraftfahrtstraßen: 250 m

Niedersachsen: 150 m

NRW: Keine Regelung

Rheinland-Pfalz: 150 m

Saarland: Keine genaue Regelung – es soll nicht „unmittelbar" hinter dem geschwindigkeitsbeschränkenden Schild gemessen werden

Sachsen: 150 m

Sachsen-Anhalt: 100 m

Schleswig-Holstein: 100 m

Thüringen: 200 m

> **!** *Praxistipp*
>
> Schauen Sie sich nochmal die Beschilderung und den Messort zur Tatzeit an und schreiten Sie die Strecken ab. Wohnen Sie zu weit von dem Tatort entfernt, so bitten Sie schriftlich bei der Bußgeldstelle und dem Gericht um einen sogenannten „Beschilderungsplan". (*„...bitte ich zur Überprüfung der Messung um die Übersendung eines Beschilderungsplanes, auf dem die Abstände der zu beachtenden Schilder und auch der Standort des Messgerätes eingetragen sind. ..."*)

Achtung: Von den Richtlinien kann in begründeten Einzelfällen abgewichen werden – und zwar (neben Fällen sogenannter „Geschwindigkeitstrichter") insbesondere bei besonderen Gefahrenstellen und -zeichen. Gefahrenstellen in diesem Sinne sind nicht nur solche Stellen, an denen es in der Vergangenheit vermehrt zu Unfällen gekommen ist, sondern auch solche, an denen sich die mit einer überhöhten Geschwindigkeit einhergehende abstrakte Gefahr aufgrund besonderer Umstände konkretisieren kann (zum Beispiel bei Schulen, Kindergärten, am Friedhofausgang, an Radwegenden).

Besondere Notlagen

Besondere Notlagen können ebenfalls ein Absehen vom Fahrverbot rechtfertigen – der Jurist spricht hierbei von „Notstand" oder „notstandsähnlichen Situationen". Die

Rechtsprechung ist in dieser Hinsicht jedoch sehr streng, da oftmals die Gründe der angeblichen Notstandssituation nicht mehr überprüfbar sind und viele Fahrer offensichtliche „Räuberpistolen" erzählen.

Beispiel

Der Fahrer überschreitet die zulässige Höchstgeschwindigkeit, weil er seine hochschwangere Frau neben sich hat. Er glaubt, die Geburt steht unmittelbar bevor – tatsächlich hat die Ehefrau aber nur Magenkrämpfe. Hier kann von einem Fahrverbot abgesehen werden, wenn der Fahrer die Situation glaubhaft schildern kann.

Sonderrechte von Polizei und Feuerwehr

Polizisten und Feuerwehrleute können bei dienstlichen Einsatzfahrten sogenannte Sonderrechte (§ 35 StVO) in Anspruch nehmen. Ordnungswidrigkeiten hierbei werden nicht geahndet. Irrt sich der Beamte über seinen Einsatz, so ist oft zumindest von einem Fahrverbot abzusehen. Auch hier darf das Gericht aber die Schilderung des Fahrers nicht ohne Weiteres glauben. Sie muss wenigstens ansatzweise überprüfbar sein.

Praxistipp

Schildern Sie in einem solchen Fall ausführlich und nachvollziehbar, was Sie gedacht haben und wie Sie gehandelt haben. Unter Umständen können Sie hierfür sogar Zeugen benennen.

Keine Gefährdung bei Rotlichtverstoß

Auch nach einem Rotlichtverstoß wird kein Fahrverbot festgesetzt, wenn gar keine Gefährdung Anderer stattfinden konnte.

> *Praxistipp*
>
> Es kommt immer auf die durch das Rotlicht geschützten Verkehrsteilnehmer an (meist den Querverkehr).

Kein Fahrverbot in folgenden Fällen:

- *Rotlichtverstoß an Fußgängerampel, an der sich kein Fußgänger befindet;*
- *Haltelinie wird bei Grün passiert, Abbiegen findet aber bei Rotlicht zeigender Ampel im Kreuzungsbereich statt; andere Verkehrsteilnehmer dürfen sich in dem betroffenen Bereich gar nicht aufhalten;*
- *Autofahrer lässt nach Rotlichtverstoß den Querverkehr passieren;*
- *Autofahrer bemerkt Verstoß und kommt unmittelbar nach Ampelbereich auf Fußgängerweg zum Stehen;*
- *Rotlichtverstoß bei Baustellenampel;*
- *Rotlichtverstoß bei Lichtzeichenanlage an Brücke zur Steuerung einspurigen Verkehrs;*
- *Querverkehr ist gar nicht vorhanden;*
- *Autofahrer lässt nach Rotlichtverstoß Fußgänger passieren und fährt erst dann weiter;*

- *Autofahrer hält als Linksabbieger bei Rot an, bei Umschalten für die Fahrtrichtung geradeaus fährt er in die Kreuzung ein, hält aber sofort wieder in der Mitte der Kreuzung an, um den Gegenverkehr passieren zu lassen.*

Durch die folgende Übersicht wird jedoch deutlich, wie einzelfallabhängig die Lösungen sind. Sie werden sehen: Ein ausführlicher Vortrag zur tatsächlichen Situation vor Ort ist also zwingend erforderlich.

Eine fehlende abstrakte Gefährdung wurde in folgenden Fällen abgelehnt:

Hier liegt doch eine„abstrakte Gefährdung" vor:

- *an Fußgängerampel, deren Rotlichtzeichen nicht beachtet wird, sind keine Fußgänger vorhanden;*
- *Vorbeifahren an vor Baustellenampel wartendem Verkehr mit anschließendem qualifizierten Rotlichtverstoß;*
- *Autofahrer kommt beim Linksabbiegen kein Gegenverkehr entgegen;*
- *an Fußgängerampel, deren Rotlichtzeichen nicht beachtet wird, hat der einzige vorhandene Fußgänger die Straße bereits überquert;*
- *Fußgängerweg wird nur mit geringer Geschwindigkeit passiert.*

Kein Fahrverbot bei Mitverschulden

Ist es bei dem Rotlichtverstoß zu einem Unfall gekommen, so kann ein Mitverschulden Dritter zum Wegfall der Fahrverbotsvoraussetzungen führen, da der Verstoß in der Regel nicht grob pflichtwidrig war. Hier beantragen Sie am besten die Ladung von Zeugen (wenn vorhanden) und die Einholung eines Sachverständigengutachtens.

Formulierungsvorschlag

„... beantrage ich die Einholung eines verkehrsanalytischen Sachverständigengutachtens zur Klärung des Grades des Mitverschuldens des geschädigten Zeugen. Das Gutachten wird aufzeigen, dass der Zeuge bei dem Unfall mit überhöhter Geschwindigkeit fuhr und bei Einhaltung der zulässigen Höchstgeschwindigkeit den Unfall ohne weiteres hätte vermeiden können. ..."

Augenblicksversagen bei Rotlichtverstoß

Auch im Rahmen des Rotlichtverstoßes kommen die Grundsätze des sogenannten Augenblicksversagens zur Anwendung.

Achtung

Eine Lichtzeichenanlage darf grundsätzlich nicht gänzlich übersehen werden, vor allem aber nicht im innerstädtischen Bereich. Also: Erklären Sie daher nie, Sie hätten die Ampel überhaupt nicht gesehen!

In folgenden Fällen etwa haben Gerichte vom Fahrverbot nach einem eigentlich fahrverbotsträchtigen Rotlichtverstoß abgesehen:

Kein Fahrverbot trotz Rotlichtverstoß:

- *Frühstart an einer Fußgängerampel, nachdem sämtliche Fußgänger den Fußweg verlassen haben;*
- *Frühstart eines Linksabbiegers bei Annahme, die Ampel schalte auf Grünlicht;*
- *Linksabbieger lässt sich infolge eines Wahrnehmungsfehlers von dem Grünlicht für den neben ihm anfahrenden Geradeausverkehr mitziehen;*
- *Autofahrer meint, das Grünlicht für andere Fahrspuren habe auch für seine Spur Geltung (also: nicht falsche Wahrnehmung oder Deutung, sondern Verwechselung!);*
- *völliges Übersehen der überraschend aufgestellten Fußgängerampel nach Abbiegen;*
- *Übersehen des Rotlichts infolge Übermüdung;*
- *Mitzieheffekt durch anfahrende Fahrzeuge auf Nebenspur bei dort angezeigtem Grünlicht; gleichzeitige Unaufmerksamkeit wegen Provokation des „Fahrzeugnachbarn" auf der Nebenspur;*
- *Rotlichtverstoß eines Taxifahrers wegen Ablenkung aufgrund psychischen Drucks durch Fahrgast;*
- *Einfahren in Kreuzung, nachdem die Ampel bereits 37 Sekunden Rotlicht zeigte, unter irrtümlicher Annahme, es sei bereits wieder auf Grün geschaltet worden. Gegenverkehr fuhr los; 80 m entfernt sichtbare Ampel zeigte wieder Grün;*
- *Rotlichtverstoß wegen verlängerten Bremswegs.*

Sie sehen: Auch hier ist es einmal mehr wichtig, ausführlich die Umstände des Einzelfalles in jeder Einzelheit darzulegen. Die Rechtsprechung ist nämlich sehr kritisch, was die

Annahme sogenannten Augenblicksversagens bei Rotlichtverstößen angeht.

Irrtümer beim Wenden etc. auf Autobahnen und Kraftfahrstraßen

In solchen Fällen wird die Fahrverbotsanordnung kaum unter Hinweis auf Besonderheiten der Tatumstände abzuwenden sein. Die Beschilderung und bauliche Gestaltung der Autobahnen und Kraftfahrstraßen ist regelmäßig so deutlich, dass keine Irrtümer möglich sein dürften. Wer sich hier nicht klar ist, wo er sich befindet, handelt also eigentlich stets „grob fahrlässig".

Verstöße an Bahnübergängen

Hier gilt dasselbe wie bei Autobahnen: Bahnübergänge sind in der Regel deutlich und weithin erkennbar – die Fahrverbotsanordnung wird hier kaum mit der Begründung, es hätten besondere Tatumstände vorgelegen, vermeidbar sein.

> **!** *Praxistipp*
>
> Auch hier sind bei Problemen der Erkennbarkeit des Übergangs Fotos aus der Sicht der ankommenden Fahrzeugführer hilfreich.

Zu langes Verfahren?

Wenn das Verfahren zu lange dauert (zwei Jahre Dauer), ist in der Regel von der Fahrverbotsanordnung abzusehen. Der

Grund hierfür ist, dass das Fahrverbot nach dem Willen des Gesetzgebers in erster Linie eine Erziehungsfunktion sein soll („Denkzettel- und Besinnungsmaßnahme").

Die Zwei-Jahres-Linie gilt nur für einmonatige Fahrverbote. Bei längeren Fahrverboten (zwei und drei Monate) ist die Rechtsprechung strenger: Hier wird das Fahrverbot i.d.R. nur verkürzt.

Achtung

Wer das Verfahren erkennbar verschleppt, um die Zwei-Jahres-Linie zu erreichen, muss damit rechnen, dass ein Fahrverbot auch nach zwei Jahren noch wegen „Unbelehrbarkeit" angeordnet wird.

Unschädlich sind hingegen die zulässigen Arten der „Verfahrensstreckung". So können Sie zum Beispiel um eine Frist zur Stellungnahme bitten oder um Zeit für Rücksprache mit einem Anwalt. Auch der Antrag, ergänzend Zeugen zu vernehmen oder ein Sachverständigengutachten einzuholen, ist keine Prozessverschleppung. Sollten im Verfahren Fehler gemacht worden sein, so kann bei Fehlern der Bußgeldstelle ein Antrag auf gerichtliche Entscheidung gestellt werden. Gegen gerichtliche Beschlüsse ist in der Regel die Beschwerde zum Landgericht möglich.

Nachschulungen helfen oft!

Wer nicht nur untätig die Hauptverhandlung abwarten, sondern aktiv seine Chancen verbessern will, sollte den erziehenden Effekt, den das Fahrverbot haben soll, für sich vorweg nutzbar machen: Schulungsmaßnahmen bei Verkehrspsychologen, Aufbauseminare oder verkehrstherapeutische Beratungen können nämlich nach Ansicht vieler Gerichte ebenso gut erzieherisch auf den Betroffenen einwirken wie ein Fahrverbot und dieses entbehrlich werden lassen.

> **!** *Praxistipp*
>
> Besprechen Sie dieses Vorgehen am besten mit dem entscheidenden Richter oder auch schon vorher mit der Bußgeldbehörde. Die (ausführliche!) Bescheinigung über die Teilnahme übersenden Sie dann nach Beendigung der Maßnahme.

Kein Fahrverbot wegen nachträglicher Änderung der Beschilderung

Hat sich die Beschilderung nach der Tat geändert, obwohl baulich kein Unterschied zur Tatzeit besteht, so dürfte auch dies ein Absehen vom Fahrverbot nahe legen.

> **!** *Praxistipp*
>
> Prüfen Sie nochmals vor dem Gerichtstermin, ob die Geschwindigkeitsbeschränkung noch existiert bzw. ob sich inzwischen die Beschilderung geändert hat.

Höheres Bußgeld statt Fahrverbot?

Das Gericht kann von einem Fahrverbot absehen, wenn allein die Erhöhung der Geldbuße ausreicht, einen dem Fahrverbot ähnlichen Erziehungseffekt zu erreichen.

Dieser Gesichtspunkt hilft echten Gutverdienern nicht. Aber: Wer wirtschaftlich ohnehin schon gebeutelt ist, sollte seine Situation „unverblümt" darstellen.

Praxistipp

Legen Sie Ihre persönlichen und wirtschaftlichen Verhältnisse ausführlich und mit Belegen unterfüttert dar. Zeigen Sie auf, wie sehr Ihnen ein höheres Bußgeld „wehtun" würde. Erstellen Sie dazu – wenn möglich – eine geordnete Übersicht über alle in Ihrem Haushalt anfallenden Ein- und Ausgaben.

Absehen vom Fahrverbot wegen besonderer Härte

Mit der Fahrverbotsanordnung verbundene Folgen müssen Sie in der Regel als selbstverschuldet hinnehmen, zumal sie nur von zeitlich begrenzter Dauer sind. Sie sind nämlich vorhersehbar, typisch und somit zumutbar. Allerdings können erhebliche und unvermeidliche Härten zum Absehen vom Fahrverbot führen.

!

Achtung

Bei unbelehrbaren Wiederholungstätern (das ergibt sich aus dem Flensburger Fahreignungsregister), kann jedoch trotz unverhältnismäßiger Härten ein Fahrverbot angeordnet werden.

„Härten I": Berufliche Nachteile

Als typische Fahrverbotsfolgen sind hinzunehmen:

- Zeitverlust durch öffentlicher Verkehrsmittel und
- der durch die Benutzung öffentlicher Verkehrsmittel entstehende finanzielle Mehraufwand.

Geschäftsreisende, die aufgrund öffentlicher Verkehrsmittel auswärts übernachten müssen, sind gezwungen, auch die hierdurch verursachten Kosten hinzunehmen.

!

Achtung

Keinesfalls dürfen nur Unbequemlichkeiten als angebliche Härte angeführt werden.

Unverhältnismäßig sind jedoch:

- ein konkret drohender Arbeitsplatzverlust eines abhängig Beschäftigten durch Kündigung (Entsprechendes gilt für den Verlust eines bereits fest zugesagten Arbeitsplatzes; hier legen Sie den Arbeitsvertrag vor oder benennen den Arbeitgeber als Zeugen),
- die Gefährdung der Existenz eines Selbstständigen.

Macht der von dem Fahrverbot Betroffene berufliche Härten geltend, so sollte er im Idealfall auch beweisen können,

- dass er auf das Fahrzeug beruflich unabdingbar angewiesen ist,
- dass er in absehbarer Zeit keinen Urlaub nehmen kann,
- dass er finanziell keinen Fahrer einstellen kann (insbesondere aufgrund fehlender Finanzen),
- dass keine sonstigen Ausweichmöglichkeiten (Ehegatte oder Arbeitskollege als Fahrer) existieren,
- dass und warum er sich bei seinen bisherigen Urlaubsplanungen nicht auf das Fahrverbot einstellen konnte,
- und warum auch die Abgabefrist von vier Monaten („Schonfrist") nicht weiterhilft.

Praxistipp

Sogenannte Arbeitgeberbescheinigungen können hier hilfreich sein, werden aber von der obergerichtlichen Rechtsprechung in der Regel nicht als volles Beweismittel gewertet. Der Arbeitgeber sollte besser noch zusätzlich als Zeuge für den Inhalt der Bescheinigung benannt werden.

Legen Sie Ihre persönlichen und wirtschaftlichen Verhältnisse ausführlich und mit Belegen unterfüttert dar.

Bei Selbstständigen ist auf die ernsthafte Gefahr für den Fortbestand des Betriebes durch die Vollstreckung eines Fahrverbotes (sogenannte „Existenzgefährdung") abzustellen. Je kleiner der Betrieb, desto leichter wird meist die Darlegung einer solchen Härte sein.

> **!** *Praxistipp*
>
> Der Selbstständige muss zunächst versuchen, die Arbeit in seinem Betrieb anders zu verteilen (Reorganisation), sodass er sich hierdurch selbst einen Fahrer zur Verfügung stellen kann. Ist dies unmöglich, so sollte hierfür aus dem Betrieb eine andere verantwortliche Person als Zeuge benannt werden.

„Härten II": Krankheiten und Behinderungen

Diese spielen neben den beruflichen Härten eine deutlich untergeordnete Rolle. Dennoch ist anerkannt: Behinderungen und Krankheiten des Betroffenen oder naher Angehöriger können ein Fahrverbot unangemessen erscheinen lassen, wenn es gerade deshalb für den Betroffenen zwingend erforderlich ist, mit dem Pkw zu fahren. Hierfür müssen Sie durch (u. a. ärztliche) Bescheinigungen belegen:

- die Schwere der Behinderung,
- die Auswirkungen der Behinderung auf den Alltag,
- den Grad der Abhängigkeit von der Fahrzeugnutzung (einschließlich möglicher Alternativen).

Noch schwieriger wird dies natürlich, wenn die Härte mittelbar entsteht, nämlich aufgrund eines Betreuungsbedarfs für nahe Angehörige. Hier können unter Umständen Auskünfte von Ärzten und Pflegediensten helfen, aus denen sich ergibt,

- um welche Art von Erkrankung es sich bei der zu pflegenden Person handelt und
- ob und inwieweit diese Erkrankung eine zeitweise oder dauernde Pflege, Betreuung oder Begleitung durch eine andere Person erforderlich macht.

Zu prüfen ist außerdem,

- ob der Betroffene, falls keine anderen, unentgeltlich tätigen Betreuungspersonen zur Verfügung stehen, die Betreuung seiner Ehefrau nicht durch die Beauftragung eines Pflegedienstes gegen Entgelt sicherstellen kann (unter Inkaufnahme zumutbarer wirtschaftlicher Nachteile),
- ob erforderliche Fahrten während eines einmonatigen Fahrverbotes nicht auch durch ein Taxi- oder Krankentransportunternehmen geleistet werden können, ohne dass die damit verbundenen Kosten den Betroffenen wirtschaftlich in unzumutbarer Weise belasten.

„Härten III": Mischfälle

Nur ganz selten lassen Amtsgerichte auch andere Nachteile ausreichen und sehen dann vom Fahrverbot ab. Hierauf kann man sich aber nicht verlassen!

> *Praxistipp*
>
> Stellen Sie immer alle sich durch ein Fahrverbot ergebenden Nachteile ausführlich dar – auch wenn diese allein üblicherweise für ein Absehen von dem Fahrverbot nicht ausreichen.

Fahrverbot nach Trunkenheit und Drogenkonsum

Die Anforderungen an ein Absehen vom Fahrverbot sind hier höher als bei anderen Fahrverboten:

- Außergewöhnliche Tatumstände: Hierunter fallen „Bagatellfälle" mit kurzen Fahrtstrecken, bei Fahrten zur Nachtzeit oder bei Fahrten auf einer nicht von anderen Fahrzeugen frequentierten (aber öffentlichen) Verkehrsfläche. Vom Fahrverbot kann hier abgesehen werden. Eine nur gering über dem gesetzlichen Grenzwert festzustellende Alkoholisierung oder besondere Gründe für den Alkoholkonsum haben dagegen bislang nicht allein ausgereicht, um vom Fahrverbot abzusehen.
- Verfahrensdauer: Ein großer Teil der Rechtsprechung sieht hier auch nach zwei Jahren noch die Möglichkeit einer Fahrverbotsanordnung. Gut vertretbar ist aber auch hier die Zweijahresgrenze.
- Nachschulungen: Gerade bei Trunkenheitsfahrten sind nachträgliche Schulungsmaßnahmen und ähnliche Mittel erste Wahl, bei denen dem Betroffenen die Wirkung des Alkohols und dessen mögliche Folgen im Straßenverkehr nahe gebracht werden. Leider finden sich hierzu (noch) keine Gerichtsurteile.
- Berufliche Härten: Für das Absehen ist hier erforderlich, dass das Fahrverbot für den Betroffenen zu ganz außergewöhnlichen Härten führen würde. Dagegen reichen allgemeine berufliche Probleme/Härten nicht aus. Erst wenn ein Existenzverlust (durch Arbeitsplatzverlust) als

unausweichliche Folge eines Fahrverbotes konkret drohen würde, kann ausnahmsweise von der Anordnung des Fahrverbotes abgesehen werden.

- Andere Gründe: Deutlich seltener als berufliche Gründe spielen solche eine Rolle, die ihre Ursache in der privaten Lebenssphäre des Betroffenen haben. Natürlich kann man auch solche Gründe vortragen – zu viele Hoffnungen sollte man aber nicht hierein setzen.

Beschränktes Fahrverbot als Ausweg!

§ 25 Abs. 1 S. 1 StVG ermöglicht auch die Beschränkung des Fahrverbotes auf bestimmte Fahrzeugarten. Dies sind vor allem einzelne Fahrerlaubnisklassen, aber auch bestimmte bauartlich geprägte Fahrzeuge für einen bestimmten Verwendungszweck (zum Beispiel Zweiräder, Gabelstapler, Radlader, Krankenwagen). Meist verlangen die Gerichte für das beschränkte Fahrverbot eine außergewöhnliche und unverhältnismäßige Härte im Falle eines unbeschränkten Fahrverbotes. Typisch sind etwa Fahrverbote, die landwirtschaftliche Fahrzeuge der Fahrerlaubnisklassen L und T ausnehmen, um Landwirten eine weitere Berufstätigkeit zu ermöglichen. Auch die Motorleistung ist ausreichendes Abgrenzungskriterium, etwa nach einem Verstoß mit einem stark motorisierten Fahrzeug – hier können dann etwa schwächere Fahrzeuge weiter gefahren werden.

Beginn und Ende des Fahrverbots

Bei Ersttätern beginnt das Fahrverbot erst mit Ablauf der im Bußgeldbescheid bzw. Urteil bewilligten Viermonatsfrist oder nach vorheriger Ablieferung des Führerscheins. Gibt es bereits Voreintragungen mit Fahrverbot „in Flensburg", so gilt die Viermonatsfrist nicht. Hier beginnt das Fahrverbot, wenn keine Rechtsmittel eingelegt werden oder über Rechtsmittel abschließend entschieden wurde („Rechtskraft").

Abzuliefern sind alle existierenden Führerscheine, nicht aber die Mofa-Prüfbescheinigung. Letztere ist kein Führerschein im eigentlichen Sinne. Ergibt sich das Fahrverbot aus dem Bußgeldbescheid, so muss der Führerschein bei der ausstellenden Bußgeldstelle abgegeben werden. Nach einem Urteil ist der Führerschein zur Staatsanwaltschaft zu senden. Nur, wenn der Jugendrichter entschieden hat, ist die Abgabe beim Amtsgericht richtig.

! *Praxistipp*

Geben Sie den Führerschein nur dann bei der Polizei ab, wenn Sie dies vorher mit der Bußgeldstelle, der Staatsanwaltschaft oder dem Jugendrichter abgesprochen haben.

Von der Wirksamkeit zu unterscheiden, ist der Fristbeginn des Fahrverbotes, der sich um Monate oder gar Jahre zum Zeitpunkt der Wirksamkeit verschieben kann. Ist ein Führerschein amtlich zu verwahren oder das Fahrverbot in einem ausländischen Führerschein zu vermerken, so beginnt die Verbotsfrist erst von dem Tag an, an dem dies geschieht.

Was passiert bei mehreren Fahrverboten?

Wenn Sie zeitnah mehrere Verstöße an unterschiedlichen Orten begangen haben, kann es vorkommen, dass Ihnen gleich mehrere Fahrverbote drohen. Nur wenn es sich ausschließlich um Fahrverbote mit der Viermonatsabgabefrist handelt, ist klar, dass diese nacheinander laufen. In allen anderen Fällen ist die Rechtsprechung uneinheitlich. Teils wird davon ausgegangen, dass mehrere Fahrverbote nebeneinander laufen können.

Praxistipp

Beantragen Sie nach Rechtskraft der Entscheidungen sofort in allen Verfahren, „festzustellen, dass bei Abgabe des Führerscheins in dem Verfahren ... diese Abgabe auch als Verwahrung in dem Verfahren ... anerkannt wird." Bei einer ablehnenden Entscheidung der Bußgeldstelle oder der Staatsanwaltschaft können Sie die gerichtliche Entscheidung beantragen.

Wenn der Verstoß nicht mehr verfolgt wird: die Verjährung

Häufiger als in allen anderen Rechtsgebieten stellt sich in Bußgeldsachen die Frage, ob nicht vielleicht bereits Verjährung eingetreten ist. Gemeint ist hier stets die sogenannte Verfolgungsverjährung (=> Die Ordnungswidrigkeit kann nicht mehr verfolgt werden) und nicht die Vollstreckungsverjährung (=> Die Verurteilung oder der Bußgeldbescheid können nicht mehr vollstreckt werden).

Die Bedeutung der Verjährung

Die Verfolgung einer Ordnungswidrigkeit und damit auch die Anordnung eines Fahrverbotes sind mit Eintritt der Verjährung ausgeschlossen. Das hierdurch eintretende Verfahrenshindernis führt zu einer Einstellung

- entweder durch Verfügung der Verwaltungsbehörde
- oder durch Beschluss/Urteil des Amtsgerichts
- oder durch Beschluss des Oberlandesgerichts.

Diese Verjährungsfristen gelten

Die Verjährungsfristen für die häufigsten Verkehrsordnungswidrigkeiten unterteilen sich in zwei Bereiche:

Verstöße	Verjährungsfrist
Trunkenheits- und Drogenfahrten (§ 24a StVG)	sechs Monate
alle weiteren Verstöße, die sich im Bußgeldkatalog finden (insbesondere also auch die im Ratgeber besprochenen Verstöße)	drei Monate; wird dann ein Bußgeldbescheid wirksam zugestellt, so tritt hiermit eine Verlängerung der Verjährungsfrist auf die „normalen" sechs Monate ein. Diese Regelung findet sich in § 26 Abs. 3 StVG.

In Randbereichen (Sonderordnungswidrigkeiten) kann die Verjährungszeit auch länger sein (zum Beispiel im Gefahrgüterrecht); hierzu ist dann § 31 OWiG zu Rate zu ziehen.

Zwar wird die Verjährung von Amts wegen geprüft – sie kann aber auch leicht übersehen werden. Spätestens dann, wenn das Verfahren bei Gericht gelandet ist und Sie das Gefühl haben, dass es jetzt schon zu lange dauert, sollten Sie pauschal „ins Blaue" hinein die Verjährung behaupten, damit das Gericht diesen Gesichtspunkt nochmals/erstmals genau prüft.

Wann beginnt die Verjährungsfrist?

Die Verjährungsfrist beginnt stets mit der Tatbeendigung. Der Tattag ist der erste Tag in der Fristberechnung. Fristende ist der kalendermäßig entsprechende vorhergehende Tag. Unbeachtlich ist für den Fristenlauf die Frage, ob Fristbeginn oder Ende auf einen Feiertag oder einem Sonntag fallen.

> *Beispiel*
>
> *Geschwindigkeitsverstoß am 15.8.14*
>
> *Verjährungsfrist bis zur Zustellung des Bußgeldbescheides: drei Monate*
>
> *Eintritt der Verjährung am 15.11.14*

Unterbrechung: So wird die Verjährung verlängert!

Unter Unterbrechung der Verjährung versteht man, dass durch eine bestimmte Maßnahme die Verjährungsfrist erneut in voller Länge in Gang gesetzt wird. Ausführlich ist dies in § 33 OWiG geregelt.

Wichtig sind vor allem:

- die erste Vernehmung des Betroffenen, die Bekanntgabe, dass gegen ihn das Ermittlungsverfahren eingeleitet ist, oder die Anordnung dieser Vernehmung oder Bekanntgabe;
- eine richterliche Vernehmung eines Zeugen oder die Anordnung dieser Vernehmung;
- die Beauftragung eines Sachverständigen;
- eine Beschlagnahme- oder Durchsuchungsanordnung;
- die vorläufige Einstellung des Verfahrens wegen Abwesenheit des Betroffenen;
- der Erlass des Bußgeldbescheides, sofern er binnen zwei Wochen zugestellt wird, ansonsten durch die Zustellung;
- der Eingang der Akten beim Amtsgericht;
- die Anberaumung einer Hauptverhandlung;
- der Hinweis auf die Möglichkeit, ohne Hauptverhandlung zu entscheiden („Beschlussverfahren" nach § 72 OWiG).

Praxistipp

Lassen Sie sich nicht von „guten Bekannten" erzählen, es würde etwas nutzen, zu behaupten, man habe den Anhörungsbogen nicht erhalten. Hierauf kommt es gar nicht an, da nicht der Erhalt wichtig ist, sondern einzig der Zeitpunkt der Anordnung der Anhörung (= Datum des Anhörungsbogens)!

Fortsetzung des Beispiels (Seite 63)

Anhörung vom 12.9.14

Verjährungsfrist bis zur Zustellung des Bußgeldbescheides: drei Monate

Eintritt der Verjährung am 12.12.14

Punkte in Flensburg: das FAER

Wichtig neben Geldbuße und Fahrverbot sind auch immer die „Punkte in Flensburg". Gemeint ist hiermit das „Fahreignungsregister" (kurz: FAER), welches beim Kraftfahrtbundesamt in Flensburg (www.kba.de) geführt wird. Das Register enthält die wesentlichen verkehrsrechtlichen Verurteilungen und andere im Hinblick auf die Fahrerlaubnis relevante Entscheidungen (Fahrerlaubnisentziehungen; Wiedererteilung etc.). Daneben werden auch den im FAER enthaltenen Urteilen „Punkte" zugemessen. Das FAER gilt für alle Eintragungen ab dem 1.5.2014. Alte Punkte werden umgeschrieben. Wegen der Umschreibung ist die Internetseite des Bundesverkehrsministeriums zu empfehlen. Taten, die noch vor dem 1.5.2014 begangen sind und danach zur Eintragung gelangen, werden nach den neuen Vorschriften eingetragen/bepunktet.

Achtung

„Punktehandel" ist nach der bisherigen Gesetzeslage und Rechtsprechung straflos. Übernimmt also ein Dritter von sich aus durch ein falsches Geständnis (gegebenenfalls gegen Entgelt) Geldbuße und Punkte des eigentlichen Täters, so bleibt dies folgenlos. Strafbar ist es jedoch, eine andere Person unrichtigerweise der Verfolgung wegen einer Ordnungswidrigkeit auszusetzen. Sie dürfen also nicht von sich aus den Tatverdacht auf einen Anderen lenken. Auch falsche Zeugenaussagen vor Gericht sind strafbar.

Diese Punkte werden ins FAER eingetragen:

- Ordnungswidrigkeiten ohne Regelfahrverbot werden als schwere Verstöße mit 1 Punkt bewertet.
- Ordnungswidrigkeiten mit einem Regelfahrverbot sowie Straftaten ohne Entziehung der Fahrerlaubnis werden als besonders schwere Verstöße eingestuft und mit 2 Punkten bewertet.
- Straftaten mit Entziehung der Fahrerlaubnis sind eine eigene Kategorie, die mit 3 Punkten bewertet wird.

Manchmal werden mehrere Bußgelder in einem Bußgeldbescheid festgesetzt – so etwa, wenn ein Fahrtenschreiberschaublatt ausgewertet wird. Hier gilt: Jede Ordnungswidrigkeit mit eigener Geldbuße führt auch zu eigenen Punkten! Es wird nicht etwa nur die höchste Punktezahl des Bußgeldbescheides in Flensburg eingetragen. Sind dagegen zwar mehrere Vorschriften im Bußgeldbescheid erwähnt, in dem nur eine Geldbuße für alle Verstöße gemeinsam festgesetzt wird, so ist die höchste Punktzahl entscheidend.

Beispiel

Ein Fahrer wird bei einem Abstandsverstoß fotografiert, während er mit dem Handy telefoniert. Es wird eine einheitliche Geldbuße von zum Beispiel 100 Euro festgesetzt – die Punkte ergeben sich allein aus der für den Abstandsverstoß maßgeblichen Punktezahl. Der eine Punkt wegen des Handyverstoßes kommt „nicht oben drauf".

Erwischt die Polizei den Fahrer jedoch wegen eines Abstandsverstoßes und am nächsten Tag beim Telefonieren mit dem Handy, dann werden beide Taten oft in einem Bußgeldbescheid geahndet, so etwa mit 80 Euro für den Abstandsverstoß und 60 Euro für das Telefonieren beim Fahren.

Da zwei Geldbußen festgesetzt wurden, werden auch zweimal Punkte eingetragen: 1 Punkt für den Abstandsverstoß und 1 Punkt für den Handyverstoß.

Um zu erfahren, wie viele Punkte für den vorgeworfenen Verstoß drohen, kann man den Verstoß im „Bundeseinheitlichen Tatbestandskatalog" (unter www.kba.de) oder im Bußgeldkatalog suchen. Wird im Anhörungsbogen oder im Bußgeldbescheid eine sechsstellige Zahl als „TBNR" angegeben, so ist damit die Tatbestandsnummer im „Bundeseinheitlichen Tatbestandskatalog" gemeint, die dann ganz leicht zu finden ist. Ebenso ist dies mit dem Bußgeldkatalog möglich – auch hier sind üblicherweise die Punktebewertungen mit aufgeführt. Angegeben wird hier die „BKat-Nr.", also die Nummer des Bußgeldkatalogs.

Voreintragungen haben

- schärfende Bedeutung für die Zumessung der Geldbuße,

- Bedeutung im Rahmen des Fahrverbots für die Beurteilung der Frage der Beharrlichkeit,
- Bedeutung für die Dauer eines Fahrverbotes.

Praxistipp

Sind Sie sich nicht absolut sicher, ob etwas und was in Flensburg über Sie eingetragen ist, so sollten Sie schnell einen Auszug anfordern (Formschreiben unter www.kba.de).

Diese Punktezahlen sind „kritisch"!

Ab bestimmten Punktesummen drohen weitere Maßnahmen (Einzelheiten sind bei § 4 Abs. 3 StVG nachzulesen):

Punkte	Maßnahmen
1 bis 3	Vormerkung ohne weitere Maßnahme
4 bis 5	Ermahnung und eine Information über das Fahreignungs-Bewertungssystem
6 bis 7	Verwarnung
ab 8	Fahrerlaubnis wird entzogen. Die Wiedererteilung kann erst sechs Monate nach Wirksamkeit der Entziehung stattfinden (Fristbeginn: Abgabe des Führerscheins). Oft ist zusätzlich auch eine medizinisch-psychologische Untersuchung (umgangssprachlich „Idiotentest") erfolgreich zu absolvieren.

Beachten Sie ferner, dass immer alle Stufen durchlaufen werden müssen. Dies wird durch § 4 Abs. 6 StVG sichergestellt, der bei Nichteinhaltung der Stufen für automatische Punkteobergrenzen sorgt. Hierauf ist also vor allem zu achten, wenn mehrere Verstöße in einem Bußgeldbescheid durch mehrere Geldbußen geahndet werden.

Beispiel

Hat ein Fahrer bislang 4 Punkte und wird dann im Rahmen einer Fahrtenschreiberauswertung festgestellt, dass er an einem Tage sechs Geschwindigkeitsverstöße mit je 1 Punkten begangen hat, so kann ihm nicht die Fahrerlaubnis wegen Erreichen der 8 Punkte entzogen werden. Trotz rechnerischer 8 Punkte erhält er zunächst eine Verwarnung. Er wird dann insgesamt auch nur an der Obergrenze der Verwarnung – nämlich mit 7 Punkten – „bepunktet" (vgl. § 4 Abs. 6 S. 3 StVG).

So reduzieren Sie die Punkteanzahl!

Punkteabbau ist (durch „Nachschulungen") möglich und immer frühzeitig zu empfehlen. Dies ist möglich durch ein Fahreignungsseminar, welches einen Abbau von 1 Punkt bringt – dies aber auch nur dann, wenn nicht mehr als 5 Punkte bereits eingetragen sind. Zwei Teilmaßnahmen bilden das Fahreignungsseminar: Es findet zum einen ein verkehrspädagogischer Maßnahmenteil (durch speziell geschulte Fahrlehrer) und zum anderen ein verkehrspsychologischer Maßnahmenteil (durch besonders geschulte Verkehrspsychologen) statt.

Achtung

Punkte können nur einmal in fünf Jahren abgebaut werden – der beste Rat ist also stets ein frühzeitiger Punkteabbau.

Tilgung: Wann fallen die Punkte wieder weg?

§ 29 StVG regelt die Einzelheiten der Tilgung von Einträgen im Verkehrszentralregister. Die Vorschrift kennt dabei je nach Art der Entscheidung drei Fristen:

- Straftaten mit Entziehung der Fahrerlaubnis werden nach zehn Jahren getilgt.
- Straftaten ohne Entziehung der Fahrerlaubnis werden schon nach fünf Jahren getilgt.
- Besonders schwere Ordnungswidrigkeiten werden nach fünf Jahren getilgt.
- schwere Ordnungswidrigkeiten nach zweieinhalb Jahren getilgt.

Wurde die Fahrerlaubnis entzogen, so führt dies zum Wegfall aller Punkte – die Voreintragungen bleiben aber gleichwohl bestehen und können im Bußgeldverfahren verwertet werden.

Achtung

Wer also eine neue Fahrerlaubnis erwirbt, startet „punktefrei"!

Die Tilgungsfrist beginnt für jede Eintragung gesondert und zwar mit dem Tag ihrer Rechtskraft.

Praxistipp

Alte Eintragungen (sogenannte „tilgungsreife Eintragungen“) dürfen nicht in neuen Verfahren verwertet werden und zwar auch nicht als Tatindiz.

Praxistipp

Jeder Fahrzeugführer kann kostenfrei eine Auskunft aus dem FAER einholen. Näheres hierzu im Internet unter www.kba.de. Hier finden Sie Formulare in verschiedenen Dateiformaten.

Auf den Punkt gebracht

- Jedem Fahrer drohen nach einer Ordnungswidrigkeit Geldbuße und Fahrverbot, falls nicht ausnahmsweise Verjährung eingetreten ist.
- Zudem werden im Verkehrszentralregister in Flensburg für Geldbußen von 60 Euro und mehr Punkte eingetragen, die letztlich bei Erreichen der 8-Punkte-Marke zu einer Fahrerlaubnisentziehung führen können.
- Wem ein Fahrverbot droht, der wird vor allem versuchen müssen, drohende Härten durch das Fahrverbot nicht nur zu behaupten, sondern auch ausführlich zu belegen. Nur dann können die Behörden oder der Richter von einem Fahrverbot absehen.

Die wichtigsten Verkehrsverstöße

Der Bußgeldkatalog kennt unzählige Verstöße. Daneben können auch Verstöße gegen die StVO geahndet werden, die im Bußgeldkatalog nicht geregelt sind, was aber selten vorkommt. Im Folgenden finden Sie eine Auswahl der wichtigsten Verstöße mit den jeweiligen „Hauptproblemfeldern".

Geschwindigkeitsverstöße

Die meisten Bußgeldverfahren betreffen den Bereich der Geschwindigkeitsverstöße. Hier drohen hohe Geldbußen und auch oft Fahrverbote.

Diese Geschwindigkeiten sind einzuhalten!

Die einzuhaltende Geschwindigkeit ergibt sich entweder aus einer entsprechenden Beschilderung (§ 41 Abs. 2 StVO) oder aus § 3 StVO. Zunächst einmal gilt nach § 3 Abs. 1 S. 1 StVO: der Fahrzeugführer darf nur so schnell fahren, dass er sein Fahrzeug ständig beherrscht. Ist die Höchstgeschwindigkeit beschildert, muss schon am Schild die Geschwindigkeit eingehalten sein.

Daneben kennt die StVO auch genaue km/h-Höchstgrenzen, die selbst unter günstigsten Umständen unbedingte Geltung haben:

- 50 km/h: gelten innerhalb geschlossener Ortschaften für alle Kfz (§ 3 Abs. 3 Nr. 1 StVO). Anders ist dies natürlich auf Autobahnen (§ 18 Abs. 5 S. 1 StVO).

- 50 km/h: gelten für Kfz mit Schneeketten auch unter günstigsten Umständen (§ 3 Abs. 4 StVO).
- 50 km/h: sind vorgeschrieben, wenn die Sichtweite durch Nebel, Schneefall oder Regen weniger als 50 m beträgt und nicht sogar eine geringere Geschwindigkeit geboten ist.
- 60 km/h: gelten für Kfz mit einem zulässigen Gesamtgewicht über 7,5 t; für alle Kfz mit Anhänger, ausgenommen Pkw; Lkw und Wohnmobile jeweils bis zu einem zulässigen Gesamtgewicht von 3,5 t, sowie für Kraftomnibusse mit Fahrgästen, für die keine Sitzplätze mehr zur Verfügung stehen; … (§ 3 Abs. 3 Nr. 2b StVO).
- 60 km/h: sind vorgeschrieben für Krafträder mit Anhänger und selbstfahrende Arbeitsmaschinen mit Anhänger; für Zugmaschinen mit zwei Anhängern sowie für Kraftomnibusse mit Anhänger oder Fahrgästen, für die keine Sitzplätze mehr zur Verfügung stehen (§ 18 Abs. 5 Nr. 2 StVO).
- 80 km/h: gelten außerhalb geschlossener Ortschaften für Kfz mit einem zulässigen Gesamtgewicht über 3,5 bis 7,5 t (ausgenommen Pkw); für Pkw mit Anhänger; für Lkw und Wohnmobile jeweils bis zu einem zulässigen Gesamtgewicht von 3,5 t mit Anhänger sowie für Kraftomnibusse, auch mit Gepäckanhänger; … (§ 3 Abs. 3 Nr. 2a StVO).
- 80 km/h: gelten für Kfz mit einem zulässigen Gesamtgewicht von mehr als 3,5 t (ausgenommen PKW); für Pkw mit Anhänger; Lkw mit Anhänger; Wohnmobile mit Anhänger und Zugmaschinen mit Anhänger sowie für Kraftomnibusse ohne Anhänger oder mit Gepäckanhänger auf Autobahnen (§ 18 Abs. 5 Nr. 1 StVO) – Ausnahmen sind aber möglich.

- 100 km/h: gelten für Pkw und andere Kfz mit einem zulässigen Gesamtgewicht bis 3,5 t (§ 3 Abs. 3 Nr. 2c StVO) – Etwas anderes gilt aber auf Autobahnen und Kraftfahrstraßen!
- 100 km/h: sind vorgeschrieben für besonders zugelassene Kraftomnibusse (§ 18 Abs. 5 Nr. 1 StVO).

Der Fahrer hat seine Geschwindigkeit insbesondere den Straßen-, Verkehrs-, Sicht- und Wetterverhältnissen sowie seinen persönlichen Fähigkeiten und den Eigenschaften von Fahrzeug und Ladung anzupassen. Auf Fahrbahnen, die so schmal sind, dass dort entgegenkommende Fahrzeuge gefährdet werden könnten, muss er jedoch so langsam fahren, dass er mindestens innerhalb der Hälfte der übersehbaren Strecke halten kann. Ansonsten darf er nur so schnell fahren, dass er innerhalb der übersehbaren Strecke halten kann (§ 3 Abs. 1 S. 3 StVO).

Welche Bußgelder drohen im Einzelfall?

Die drohenden (Regel-)Folgen einer Geschwindigkeitsüberschreitung richten sich nach der laufenden Nummer 11 BKat, der wiederum auf eine Tabelle („Tabelle 1 – Geschwindigkeitsüberschreitungen") Bezug nimmt. Diese besteht aus verschiedenen Teiltabellen, welche nach Fahrzeugarten geordnet sind und Regelfolgen für bestimmte Überschreitungen zuweisen. Hierbei wird unterschieden zwischen Verstößen außerhalb und innerhalb geschlossener Ortschaften.

An dieser Stelle können die Tabellen nicht vollständig wiedergegeben werden – sie sind jedoch frei im Internet zugänglich. Für normale Pkw-Fahrer gilt Tabellenteil „c".Für leichte Verstöße finden sich hier etwa folgende Beträge:

Lfd. Nr.	Überschreitung in km/h	Regelsatz in Euro bei Begehung	
		innerhalb	außerhalb
		geschlossener Ortschaften	
11.3.1	bis 10	15	10
11.3.2	11 – 15	25	20
11.3.3	16 – 20	35	30

Wie wird überhaupt gemessen?

Der weitaus größte Teil der Messungen erfolgt durch geeichte Messgeräte. Es gibt hier verschiedene Gerätetypen, so zum Beispiel Radar- und Lasermessgeräte, ortsfeste Geräte mit Fahrbahnsensoren, Lichtschranken oder stationäre und mobile Videosysteme.

Praxistipp

Werden Sie nach einer Messung mit einem Messgerät angehalten, so bitten Sie darum, dass Ihnen erklärt wird, wie das Gerät funktioniert, wie gemessen wurde und was genau bei Ihnen gemessen wurde. Bitten Sie auch gleich um Einsicht in das Protokoll der Polizei, um die Angaben zu prüfen.

Auf das generelle Verhalten im Rahmen der ersten Ansprache durch die Polizei ist bereits hingewiesen worden. Wer am Tatort angehalten wird, sollte sich – falls möglich – die Messung und die Funktion des Messgerätes erläutern lassen. Die Messbeamten sind hierzu meist bereit, wenn man sie freundlich bittet. Für das Verfahren sollte man möglichst tatnah eine Fotodokumentation der Messstelle anfertigen – der Ort der Messung, die Beschilderung etc. sollte hier gut erkennbar sein. Geschwindigkeitsverstöße können aber auch anhand von Schaublättern aus EG-Kontrollgeräten oder durch Polizeibeobachtung festgestellt werden. Ohne Fotoapparat sollte man zumindest die wesentlichen Details skizzieren.

„Echte" Messung: Wurde richtig gemessen?

Technische Einzelheiten der einzelnen Messgeräte können an dieser Stelle nicht behandelt werden. Hiermit sollte man sich jedoch schon als Betroffener auseinandersetzen. In der Regel findet sich im Anhörungsbogen oder im Bußgeldbescheid ein Hinweis auf die Art des eingesetzten Messgerätes. Sie können dessen Bezeichnung zum Beispiel bei Google eingeben oder auch anders suchen.

Ist die Art des Messgerätes nicht erkennbar, so sollten Sie schriftlich oder telefonisch bei der messenden Behörde, der Bußgeldstelle oder im späteren Verfahrensstadium auch bei Gericht nachfragen. Wurden etwa Videos des Vorfalls erstellt, so sollte man bitten, dass einem diese überspielt werden oder man bei der Bußgeldbehörde Einsicht in das Band nehmen kann. Hier ist dann natürlich auch Gelegenheit, sich das jeweilige Messsystem erklären zu lassen.

Die Messgeräte sind sogenannte „standardisierte Messverfahren": Werden die Messsysteme ordnungsgemäß entsprechend der Bedienungsanleitung eingesetzt, so kann das Gericht auch ohne Weiteres von einem richtigen Messergebnis ausgehen.

Worauf ist bei der Messung zu achten?

Wird in der Hauptverhandlung die Messung erörtert, so ist es wichtig, dass Sie die „richtigen" Fragen an den Beamten stellen, der die Messung durchgeführt hat, um mögliche Fehler zu entdecken:

- *„Darf ich den Eichschein für das Messgerät sehen?"* Alle Geschwindigkeitsmessgeräte sind eichfähig und müssen geeicht sein. Spätestens der Messbeamte muss Ihnen diesen in der Sitzung bei Gericht vorlegen können. Geeichte Geräte haben festgelegte Toleranzwerte – bei Lasermessgeräten werden etwa 3 Prozent der gemessenen Geschwindigkeit abgezogen, bei Geschwindigkeiten bis 100 km/h 3 km/h. Ist die Eichung abgelaufen, so bleibt die Messung verwertbar, es müssen aber höhere Abschläge zur Sicherheit vorgenommen werden.

> *Praxistipp*
>
> Wurden eichfähige Messgeräte eingesetzt, deren Eichung erloschen ist, so sind in der Regel 20 Prozent Sicherheitsabschlag von der gemessenen Geschwindigkeit abzuziehen.

- *„Ist das Messgerät denn nach der letzten Eichung mal in Reparatur gewesen?"* Und: *„Woher nehmen Sie Ihr Wissen?"* Reparaturen führen in der Regel zum Erlöschen der Eichung. Gegebenenfalls war das Messgerät zur Zeit der Messung also gar nicht mehr geeicht.
- *„Darf ich das Messprotokoll sehen? Können Sie mir das bitte erklären?"* Aus dem Mess- oder Einsatzprotokoll

müssen sich der ordnungsgemäße Einsatz des Gerätes und die erforderlichen Grundeinstellungen ergeben. Wenn Sie im Internet nach dem Gerät recherchiert haben, können Sie die Angaben mit den Herstellervorgaben abgleichen. Viele Gerätehersteller schreiben zu Beginn einer jeden Messung die peinlich genaue Durchführung von Funktionstests vor. Man kann diese auch von dem Messbeamten in dem Gerichtstermin erfragen. Fragen Sie also: *„Welche Tests sind laut Betriebsanleitung für das eingesetzte Gerät vorgesehen?"* Weichen die Angaben von dem Messprotokoll ab, so bitten Sie natürlich um Vorlage der Betriebsanleitung des Messgerätes! Überhaupt sollte man immer wieder fragen, „was die Bedienungsanleitung" zu der Messung (Aufstellen des Messgerätes, Einstellungen, Tests, Fehlermeldungen etc.) sagt. Haben mehrere Beamte die Messung betreut, so muss sich klar ergeben, wer genau was gemacht hat und wer somit für die Richtigkeit der Angaben im Messprotokoll einsteht.

- *„Haben Sie eine Schulung für das Gerät besucht? Wann? Ist das Gerät zwischenzeitlich modernisiert worden?"*
- *„Gibt es einen bestimmten Grund, gerade dort zu messen?"* Fragen Sie also, warum gerade an der Messstelle gemessen wurde.
- *„Wie war denn die Beschilderung? Haben Sie diese kontrolliert? Wann?"* Die Ordnungsgemäßheit der Beschilderung ist insbesondere dann wichtig, wenn man sich vor Ort selbst nicht weiter um die Beschilderung gekümmert hat und später meint, Schilder seien stark verschmutzt, durch Sprayer verunstaltet oder sonst in Ihrer Erkennbarkeit eingeschränkt worden.

- *„Darf ich einmal in Ruhe das Messfoto anschauen?“* Prüfen Sie Messfotos: Sind Sie hierauf tatsächlich erkennbar? Sind bei Radarmessungen größere Beton- oder Metallflächen auf dem Messfoto erkennbar? Diese können die Messung beeinflussen. Gleiches gilt für andere Kraftfahrzeuge, die noch auf dem Messfoto zu sehen sind. Aber: Auf der Gegenspur abfließender Verkehr beeinflusst die Radarmessung in der Regel nicht.
- *„Wie haben Sie denn meine Geschwindigkeit bestimmt, wenn Sie gar nicht wirklich gemessen haben?“* Wurde die Geschwindigkeit nicht wirklich gemessen, sondern berechnet (zum Beispiel per Videoabstandsverfahren oder andere Brückenmessverfahren), so fragen Sie natürlich, wie diese Berechnung erfolgt ist. Lassen Sie es sich auch vorrechnen!

Schaublattauswertung

Fahrtenschreiberschaublätter, Schaublätter aus EG-Kontrollgeräten (und mittlerweile auch Auswertungen des digitalen Kontrollgerätes) können zur Feststellung von Geschwindigkeitsverstößen herangezogen werden. In der Regel werden hier 6 Prozent Sicherheitsabschlag von der abgelesenen Geschwindigkeit vorgenommen.

Messungen durch Nachfahren

Messungen durch Nachfahren (oder – aber selten – Vorausfahren) sind relativ unzuverlässig, aber in der Rechtsprechung als Möglichkeit der Geschwindigkeitsfeststellung anerkannt. Fragen Sie den Zeugen der Polizei vor allem:

- War der Polizist geübt und geschult, was derartige Messungen angeht?
- Wie lang war der Abstand zwischen Ihrem Fahrzeug und dem Polizeifahrzeug?
- Wie wurde ein gleich bleibender Abstand sichergestellt?
- Welche Geschwindigkeit wurde abgelesen?
- Wie lange fand das Nachfahren/Vorausfahren statt?
- Gab es einen oder mehrere Beamte im Polizeifahrzeug? Wie war genau die Arbeitsteilung?
- Welcher Sicherheitsabschlag wurde angenommen?
- War der Tacho des Polizeifahrzeugs geeicht oder binnen Jahresfrist justiert (dies ist eine ähnliche Prüfung wie eine Eichung)?
- Wie waren die Sichtverhältnisse? Konnte die Polizei Ihr Fahrzeug noch sehen? (Hinweis: Es müssen zumindest die Fahrzeugumrisse gesehen werden können – eine Beobachtung nur der gut sichtbar leuchtenden Rücklichter reicht dagegen nicht für eine Verurteilung aus.

Folgende Messstrecken (Circa-Angaben reichen!) sind bei Messungen durch Nachfahren einzuhalten:

Im Polizeifahrzeug abgelesene Geschwindigkeit	Messstrecke
50 bis 70 km/h	mindestens 300 m (teilweise wurden bei Geschwindigkeiten bis 60 km/h auch schon 150 m als ausreichend angesehen)

Im Polizeifahrzeug abgelesene Geschwindigkeit	Messstrecke
71 bis 90 km/h	mindestens 400 m (teilweise wurden hier auch schon 250 m als ausreichend angesehen)
91 bis 120 km/h	mindestens 500 m
mehr als 120 km/h	1000 m

Folgende Verfolgungsabstände (= Abstand zwischen Polizeifahrzeug und dem Fahrzeug des Betroffenen) sind beim Nachfahren einzuhalten:

Im Polizeifahrzeug abgelesene Geschwindigkeit	Verfolgungsabstand
30 bis 60 km/h	höchstens 30 m
61 bis 90 km/h	höchstens 50 m
91 km/h und mehr	höchstens 100 m

Sodann sind „Toleranzabzüge" von der gemessenen Geschwindigkeit vorzunehmen – bei nicht geeichten/justierten Fahrzeugen zumindest 15 Prozent Sicherheitsabschlag von der abgelesenen Geschwindigkeit. Justierte Tachos führen zu einem Sicherheitsabschlag von 10 Prozent.

Abstandsverstöße

Abstandsverstöße werden nahezu ausschließlich auf Autobahnen verfolgt. Bekannt sind etwa aus den Medien die Videowagen der Autobahnpolizei („Provida" u. a.). Meist wird aber viel unspektakulärer mit einfachen Brückenmesssystemen gemessen.

Praxistipp

Achten Sie immer auf Kamerakästen oder Polizeifahrzeuge auf Autobahnbrücken. Auch mehrfache Querstreifen auf der Fahrbahn vor Autobahnbrücken weisen etwa auf Abstandsmessungen hin.

Dieser Abstand ist einzuhalten!

Der einzuhaltende Abstand richtet sich nach § 4 StVO.

- Für Pkw gilt der „halbe Tachowert". Wer also 120 km/h fährt, muss zum Vordermann einen Sicherheitsabstand von 60 m einhalten. Diese Faustformel hat auch der Bußgeldkatalog übernommen (Tabelle 2 Nr. 12.5 des Bußgeldkatalogs).
- Lkw über 3,5 Tonnen müssen bei einer Lkw-typischen Geschwindigkeit von mehr als 50 km/h einen Abstand von 50 m zum vorausfahrenden Fahrzeug einhalten – dies folgt aus § 4 Abs. 3 StVO.

Welche Bußgelder drohen?

Bei Abstandsverstößen drohen Geldbußen – bei erheblicher Abstandsunterschreitung sogar Fahrverbote. Die Abstandsverstöße finden sich in den Nummern 12 bis 15 des BKat. Die meisten Verstöße fallen in die nachfolgend abgebildete, zu Nr. 12 BKat gehörende „Tabelle 2 – Nichteinhalten des Abstands zu einem vorausfahrenden Fahrzeug":

Lfd. Nr.		Regelsatz in Euro	Fahrverbot
	Der Abstand von einem vorausfahrenden Fahrzeug betrug in Metern		
12.5	a) bei einer Geschwindigkeit von mehr als 80 km/h		
12.5.1	weniger als 5/10 des halben Tachowertes	75	
12.5.2	weniger als 4/10 des halben Tachowertes	100	
12.5.3	weniger als 3/10 des halben Tachowertes	160	ein Monat, soweit die Geschwindigkeit mehr als 100 km/h beträgt
12.5.4	weniger als 2/10 des halben Tachowertes	240	zwei Monate, soweit die Geschwindigkeit mehr als 100 km/h beträgt
12.5.5	weniger als 1/10 des halben Tachowertes	320	drei Monate, soweit die Geschwindigkeit mehr als 100 km/h beträgt

Lfd. Nr.		Regelsatz in Euro	Fahrverbot
12.6	b) bei einer Geschwindigkeit von mehr als 130 km/h		
12.6.1	weniger als 5/10 des halben Tachowertes	100	
12.6.2	weniger als 4/10 des halben Tachowertes	180	
12.6.3	weniger als 3/10 des halben Tachowertes	240	ein Monat
12.6.4	weniger als 2/10 des halben Tachowertes	320	zwei Monate
12.6.5	weniger als 1/10 des halben Tachowertes	400	drei Monate

Für Lkw-Fahrer gilt BKat-Nr. 15: Bei Unterschreitung des 50 m-Mindestabstandes drohen 80 Euro Regelgeldbuße.

So wird der Abstand gemessen!

Auch zur Feststellung von Abstandsverstößen existieren Messsysteme, die ebenfalls geeicht werden können und müssen. Dabei werden

- das „Verkehrskontrollsystem" (VKS),
- das „Videoabstandsmessverfahren" (VAMA)
- und das Verfahren „ViBrAM-BAMAS"

als standardisierte Messsysteme anerkannt, deren Ergebnisse das Gericht ohne Besonderheiten des Falles weitgehend unkritisch übernehmen kann. Bei allen anderen Systemen ist durch das Gericht genau der Nachweis der Abstandsunterschreitung zu führen und im Urteil nachvollziehbar darzulegen.

> *Praxistipp*
>
> Forschen Sie im Internet nach den Anforderungen an die Bedienung des Gerätes. Sodann sind dieselben Fragen an den Polizeibeamten (der das Gerät eingesetzt hat) zu stellen, wie oben bei den Geschwindigkeitsmessungen.

In der Hauptverhandlung sollten Sie den Zeugen, der die Messung durchgeführt und ausgewertet hat, ausführlich befragen. Beruht die Abstandsbestimmung auf Berechnungen (zum Beispiel bei „VAMA"), so sollte man als Betroffener darauf bestehen, dass die Berechnungen in der Sitzung „vorgerechnet" und erklärt werden.

Beachten Sie, dass alle technischen Abstandsmesssysteme geeicht werden müssen. Auch Protokolle über den Einsatz müssen durch geschulte Beamte angefertigt werden. Hieraus ergibt sich, dass neben der Messung an sich auch nach folgenden Unterlagen zu fragen ist:

- Bescheinigung über die Eichung des Messgerätes,
- Nachweis über die Schulung des Messbeamten hinsichtlich des eingesetzten Messgerätes,
- Vorlage des Einsatz-/Messprotokoll,
- Video des Vorfalls zur Prüfung der Vorwerfbarkeit des Abstandsverstoßes.

Definition Abstandsverstoß

Nicht jedes Unterschreiten des erforderlichen Sicherheitsabstandes ist eine Ordnungswidrigkeit. Erforderlich ist

- *eine Länge des Verstoßes von in der Regel 250–300 m (also eine nicht nur kurzzeitige/vorübergehende Abstandsunterschreitung)*
- *und: der Abstand darf während des Messvorgangs keine wesentlichen Veränderungen durch Abbremsen des vorausfahrenden Fahrzeugs oder Einscheren eines anderen Fahrzeugs erfahren haben.*

Falls ein Video des Vorfalls existiert (so bei VAMA, VKS 3.01, Police-Pilot oder auch Vidista), sollten Sie auf jeden Fall um die Möglichkeit bitten, sich das Video anschauen zu dürfen. In der Regel ermöglichen dies die Behörden, auch wenn der Betroffene selbst nur durch seinen Verteidiger ein unmittelbares und durchsetzbares Recht zur Akteneinsicht hat.

> **!** *Praxistipp*
>
> Bitten Sie telefonisch um einen Termin, um das Video in der Behörde in Augenschein nehmen zu können! Möglicherweise ist man dort auch bereit, Ihnen das Video des Vorfalls zu überspielen – fragen Sie nach!

Schätzung durch Nach- und Vorausfahren

Die Abstandsbestimmung erfolgt hier durch Schätzung des Abstandes durch Polizeibeamte; sie kann aus dem vorausfahrenden (durch Umschauen des Beifahrers bzw. durch ununterbrochene Innenspiegelbeobachtung) oder dem (meist seitlich versetzt) hinterherfahrenden Polizeifahrzeug erfolgen. Stets ist darauf zu achten, ob

- der schätzende Polizeibeamte geübt und ausgebildet für die Abstandsschätzung ist,
- (beim Nachfahren) der Abstand des Polizeifahrzeuges möglichst gering zu der zu schätzenden Abstandsstrecke war,
- eine ununterbrochene Beobachtung gewährleistet war,
- die Messstrecke ausreichend lang war,
- die Abstandsunterschreitung erheblich war,
- der Tachometer möglichst geeicht oder justiert war.

Praxistipp

Stellen Sie dem Polizeibeamten in der Hauptverhandlung also wieder Fragen, die diese Punkte aufklären!

Diese Punkte muss der Richter stets prüfen und in seinem Urteil „abarbeiten“. Bei Feststellungen zur Nachtzeit sind Angaben zu den Beleuchtungsverhältnissen und gegebenenfalls vorhandenen Orientierungspunkten erforderlich. Vor allem ist darauf zu achten, ob die Abstandsstrecke zwischen dem vorausfahrenden Fahrzeug und dem Fahrzeug des Betroffenen aus dem Polizeifahrzeug heraus erkennbar war (Gab es eine Beleuchtung durch Scheinwerfer, andere Fahrzeuge, Umgebungsbebauung, …?).

Von dem gefundenen Ergebnis sind großzügige Sicherheitsabschläge zu machen. Feste Regeln gibt es hierbei jedoch nicht.

Praxistipp

Die Polizei oder die Verwaltungsbehörde geben aber meist Auskunft über die tatsächlich gewährten Toleranzen und die sonst üblichen Sicherheitsabschläge. Fragen Sie nach!

Rotlichtverstöße

Der Rotlichtverstoß wird begangen, wenn die Ampel bei Rot überfahren wird. Kein Verstoß gegen § 37 StVO liegt hingegen vor, wenn nach Nichtbeachtung des Rotlichts der eigentliche Schutzbereich (insbesondere der Kreuzungsbereich) wegen eines Anhaltens noch nicht erreicht wird.

Welche Bußgelder drohen?

Bei Verstößen gegen § 37 StVO drohen für Kraftfahrzeugführer empfindliche Geldbußen und sogar Fahrverbote. Die entsprechenden Rechtsfolgen sind in BKat-Nummern 130 bis 133 ausführlich geregelt. Wichtig sind in der Regel jedoch nur die folgenden Nummern des BKat:

Lfd. Nr.	Tatbestand	StVO	Regelsatz Fahrverbot
132	Als Fahrzeugführer in anderen als den Fällen des Rechtsabbiegens mit Grünpfeil rotes	§ 37 Abs. 2 Nr. 1 Satz 7, 11, Nr. 2, Abs. 3 Satz 1, 2; § 49 Abs. 3 Nr. 2	90 Euro

Lfd. Nr.	Tatbestand	StVO	Regelsatz Fahrverbot
	Wechsellichtzeichen oder rotes Dauerlichtzeichen nicht befolgt		
132.1	– mit Gefährdung	§ 37 Abs. 2 Nr. 1 Satz 7, 11, Nr. 2, Abs. 3 Satz 1, 2, § 1 Abs. 2; § 49 Abs. 1 Nr. 1, Abs. 3 Nr. 2	200 Euro / ein Monat
132.2	– mit Sachbeschädigung	§ 37 Abs. 2 Nr. 1 Satz 7, 11, Nr. 2, Abs. 3 Satz 1, 2, § 1 Abs. 2; § 49 Abs. 1 Nr. 1, Abs. 3 Nr. 2	240 Euro / ein Monat
132.3	bei schon länger als 1 Sekunde andauernder Rotphase eines Wechsellichtzeichens	§ 37 Abs. 2 Nr. 1 Satz 7, 11, Nr. 2; § 49 Abs. 3 Nr. 2	200 Euro / ein Monat
132.3.1	– mit Gefährdung	§ 37 Abs. 2 Nr. 1 Satz 7, 11, Nr. 2, § 1 Abs. 2; § 49 Abs. 1 Nr. 1, Abs. 3 Nr. 2	320 Euro / ein Monat
132.3.2	– mit Sachbeschädigung	§ 37 Abs. 2 Nr. 1 Satz 7, 11, Nr. 2, § 1 Abs. 2; § 49 Abs. 1 Nr. 1, Abs. 3 Nr. 2	360 Euro / ein Monat

Lfd. Nr.	Tatbestand	StVO	Regelsatz Fahrverbot
133	Beim Rechtsabbiegen mit Grünpfeil		
133.1	vor dem Rechtsabbiegen mit Grünpfeil nicht angehalten	§ 37 Abs. 2 Nr. 1 Satz 7, § 49 Abs. 3 Nr. 2	70 Euro
133.2	den Fahrzeugverkehr der freigegebenen Verkehrsrichtungen, ausgenommen den Fahrradverkehr auf Radwegfurten, gefährdet	§ 37 Abs. 2 Nr. 1 Satz 10; § 49 Abs. 3 Nr. 2	100 Euro
133.3	den Fußgängerverkehr oder den Fahrradverkehr auf Radwegfurten der freigegebenen Verkehrsrichtungen	§ 37 Abs. 2 Nr. 1 Satz 10; § 49 Abs. 3 Nr. 2	
133.3.1	behindert		100 Euro
133.3.2	gefährdet		150 Euro

Unter Radfahrern ist oft unbekannt, dass ein qualifizierter Rotlichtverstoß mit Gefährdungen Dritter und auch ein solcher mit Rotlichtdauer von mehr als 1 Sekunde sich oft negativ auf die Fahrerlaubnis auf Probe auswirkt – im Bundeseinheitlichen Tatbestandskatalog (nachzulesen bei www.kba.de) sind hierfür Geldbußen von mehr als 60 Euro vorgesehen. Zudem drohen zwei Punkte.

Umfahren der Lichtzeichenanlage

Möglich ist ein Rotlichtverstoß auch bei Umfahren der Ampelanlage. Dieses Umfahren wird als Rotlichtverstoß gewertet, wenn der durch die Lichtzeichenanlage geschützte Bereich (also etwa der Kreuzungsbereich oder der Bereich eines Fußgänger- oder Fahrradwegs) berührt ist.

Ebenso zu betrachten sind die Fälle des „Spurwechsels" (Betroffener wechselt nach zulässigem Eintritt in den geschützten Bereich von der freigegebenen Fahrspur auf die, für die Rotlicht angezeigt wird). Die nachstehende Tabelle gibt einen Überblick über typische Konstellationen der Rechtsprechung in derartigen Fällen:

Sachverhalt bei Umgehung des Rotlichts	Rotlichtverstoß?
Fahrer nutzt Tankstellengelände und fährt anschließend bei noch fortdauerndem Rotlicht in den geschützten Bereich ein	ältere Rechtsprechung: ja; jüngere Rechtsprechung: nein
Fahrer nutzt Gehweg	(meist) ja
Fahrer nutzt Gehweg und kehrt unmittelbar danach auf dieselbe Fahrbahn zurück	ja
Fahrer nutzt Parkstreifen	ja
Fahrer kürzt Kreuzung über Eckgrundstück ab	nein
Fahrer biegt zunächst zulässig vor Ampel ab, wendet und biegt in die zuvor befahrene Straße wieder ein	nein
Fahrer nutzt Radweg	ja
Spurwechsel auf „gesperrte" Spur	ja

Für einen Rotlichtverstoß muss das Gericht feststellen,

- wo sich der Betroffene zur Zeit der Umschaltung auf Rotlicht befand,
- und (bei Verstößen außerorts) ob er unter Berücksichtigung der zulässigen Geschwindigkeit und der Dauer der Gelbphase noch gefahrlos halten konnte.

Bei innerörtlichen Verstößen dagegen werden derartige Feststellungen zu Geschwindigkeit und Gelbphasenlänge nicht verlangt, da bei einer Geschwindigkeit von 50 km/h bei üblicher Gelbphase von 3 Sekunden ein Anhalten stets möglich sein dürfte.

Zeitmessung bei Rotlichtkameras

Für die Berechnung der Rotlichtzeit von mehr als 1 Sekunde, kommt es darauf an, wann die Haltelinie passiert wird.

Die zugelassenen Rotlichtkameras sind sogenannte standardisierte Messverfahren, sodass der Richter im Urteil – ohne das Vorliegen von Besonderheiten – nicht mehr ermitteln wird, als den Typ des Messgerätes, die verstrichene Rotlichtzeit bei Überfahren der Haltelinie und die gewährte Toleranz.

Für die Feststellung durch Polizeibeamte muss der Tatrichter eine genaue Messung durch diese feststellen und die Berechnung im Urteil mitteilen.

! *Praxistipp*

Da Rotlichtkameras eine Zeitmessung durchführen, sind sie eichpflichtig – lassen Sie sich also den Eichschein zeigen!

Fehlt eine Eichung, so bleibt die Messung der Rotlichtzeit verwertbar, doch ist ein Sachverständigengutachten durch das Gericht einzuholen und ein höherer Toleranzabschlag vorzunehmen. In allen Fällen sollte man frühzeitig darauf bestehen, dass Berechnungen und Feststellungen nachvollziehbar dargelegt werden. Lassen Sie sich das Messgerät und dessen Einsatz erklären. Fragen Sie immer, was denn die Bedienungsanleitung zu den einzelnen Punkten, die zu beachten sind, genau vorgibt! Allgemeine Antworten (wie zum Beispiel „Das Gerät wurde entsprechend der Betriebsanleitung eingesetzt.") sind keinesfalls ausreichend.

Praxistipp

Zu vielen Rotlichtkameras kann man im Internet weitere Auskünfte einholen, etwa bei www.radarfalle.de.

Wie weit muss ein Polizeibeamter zählen?

Oft werden die sogenannten „1-Sekundenverstöße" durch Schätzung von Polizeibeamten festgestellt. In der Regel wird hier dann einfach „laut gezählt". Wie weit ein Polizeibeamter zählen muss, um den Zeitraum von einer Sekunde feststellen zu dürfen, bemisst sich anhand der Überwachungsmaßnahme.

- gezielte Rotlichtüberwachung: „21...22...23" reicht grundsätzlich aus; manche Gerichte lassen auch „21...22" gelten.
- zufällig beobachteter Rotlichtverstoß: „21...22" reicht hier nicht aus.

Fragen Sie also immer, wie die Rotlichtzeit ermittelt wurde.

Trunkenheits- und Drogenfahrt

Fahrten unter Alkohol und Drogen sind häufige Unfallursache und tragen hohes Gefährdungspotenzial in sich. Die Trunkenheits- und Drogenfahrt ist daher gemäß § 24a StVG eine Ordnungswidrigkeit. Die ersten beiden Absätze der Vorschrift lauten:

Ordnungswidrig handelt, wer im Straßenverkehr ein Kraftfahrzeug führt, obwohl er 0,25 mg/l oder mehr Alkohol in der Atemluft oder 0,5 Promille oder mehr Alkohol im Blut oder eine Alkoholmenge im Körper hat, die zu einer solchen Atem- oder Blutalkoholkonzentration führt.

Ordnungswidrig handelt, wer unter der Wirkung eines in der Anlage zu dieser Vorschrift genannten berauschenden Mittels im Straßenverkehr ein Kraftfahrzeug führt. Eine solche Wirkung liegt vor, wenn eine in dieser Anlage genannte Substanz im Blut nachgewiesen wird. Satz 1 gilt nicht, wenn die Substanz aus der bestimmungsgemäßen Einnahme eines für einen konkreten Krankheitsfall verschriebenen Arzneimittels herrührt.

Was ist eine „Trunkenheitsfahrt"?

Nach § 24a StVG handelt ordnungswidrig, wer im Straßenverkehr ein Kraftfahrzeug führt, obwohl er

- 0,25 mg/ l oder mehr Alkohol in der Atemluft,
- oder 0,5 Promille oder mehr Alkohol im Blut,
- oder eine Alkoholmenge im Körper hat, die zu einer solchen Atem- oder Blutalkoholkonzentration führt.

Praxistipp

Ab einem Wert von 0,3 Promille droht auch eine Strafbarkeit, wenn alkoholtypische Fahrfehler festgestellt werden. Sie müssen also damit rechnen, dass Sie Fahrfehler als „nicht alkoholbedingt" erklären müssen (zum Beispiel Schlenker auf gerader Fahrbahn kann durch Suche nach einer CD im Auto erklärt werden).

Wie wird der „Alkoholkonsum" festgestellt?

Was die Feststellung von Blutalkohol angeht, so kann dieser ermittelt werden

- durch Blutprobenentnahme
- durch komplizierte Berechnung anhand von Trinkmengen und Zeitpunkt des Trinkens.

Die Blutprobenentnahme muss durch einen Arzt stattfinden und durch einen Richter angeordnet werden – bei Gefahr in Verzug darf dies auch ein Staatsanwalt oder die Polizei tun. Ein Verstoß gegen diesen „Richtervorbehalt" bleibt aber prozessual folgenlos. Die Blutprobe bzw. das Untersuchungsergebnis bleiben verwertbar.

Bei der Atemalkoholmessung ist zu beachten, dass die kleinen Handgeräte der Polizei nicht für eine gerichtsverwertbare Messung ausreichen, sondern nur „Vortester" sind. Einziges taugliches Messgerät ist der „Dräger Alcotest 7110 Evidential". Auch dieser stellt ein standardisiertes Messverfahren dar und ist zu eichen. Auf die Vorlage eines Eichscheins sollte auch hier bestanden werden.

Praxistipp

Technische Fragen, Bedienung, Messabläufe und Fehlerquellen lassen sich wiederum gut im Internet (zum Beispiel auf der Herstellerseite www.draeger.com) recherchieren.

Wichtigster und fehleranfälligster Punkt der Messung ist die erforderliche Wartezeit vor der Messung: Zwischen Fahrtende und Messung muss 20 Minuten Zeit vergangen sein. Ist dieser Mindestzeitraum unterschritten, so ist die gesamte Messung unverwertbar – sie ist dann auch nicht mehr durch Toleranzabschläge „zu retten".

In dieser Wartezeit muss sichergestellt sein, dass kein Alkohol mehr in den Mundraum gelangt ist, da ansonsten das Messergebnis verfälscht und damit nicht verwertbar ist.

Wer also zum Beispiel in einem kurzen unbeobachteten Augenblick im Polizeifahrzeug, beim Warten in seinem Fahrzeug oder in der Polizeiwache alkoholhaltige Mundsprays, Asthmamittel oder gar Pralinen zu sich nehmen konnte, hat die Messung unverwertbar gemacht. Beachten Sie, dass eine derartige Behauptung plausibel sein muss. Hat Sie etwa die Polizei durchsucht, so ist die Behauptung eines Alkoholkonsums schwer nachvollziehbar. Können Sie aber etwa unmittelbar nach der Messung dem Polizeibeamten ein Spray vorzeigen oder ein Pralinenpapier, so erscheint eine behauptete unbemerkte Alkoholaufnahme schon deutlich glaubhafter.

Was ist eine „Drogenfahrt“?

Nach § 24a StVG handelt auch ordnungswidrig, wer im Straßenverkehr ein Kraftfahrzeug führt, obwohl er unter der Wirkung eines in der Anlage zu dieser Vorschrift genannten berauschenden Mittels steht. Eine solche Wirkung liegt nach dem Gesetz bereits vor, wenn eine in dieser Anlage genannte Substanz im Blut nachgewiesen wird. Das Bundesverfassungsgericht hat hier einschränkend entschieden, dass nicht jede feststellbare Menge an Drogen im Blut ausreicht, sondern dass diese so erheblich sein muss, dass zumindest eine Einschränkung der Fahrtüchtigkeit hierdurch möglich ist.

Praxistipp

Bei Cannabis reicht hierfür beispielsweise eine Konzentration von 1 ng/ml Blut aus. Wirkstoffkonzentrationen darunter werden nicht geahndet.

!

Sowohl bei Drogenfahrten als auch bei Fahrten unter Alkohol gilt: Sind drogentypische Ausfallerscheinungen (insbesondere Fahrfehler) festzustellen, so droht eine Verurteilung wegen der Straftat des § 316 StGB (Trunkenheit im Verkehr).

Welche Drogen werden von § 24a StVG erfasst?

Drogen im Sinne der Vorschrift sind:

- Cannabis
- Heroin

- Morphin
- Kokain
- Amphetamin
- Designer-Amphetamine

Wer andere Drogen konsumiert hat, wird nicht belangt.

> *Achtung*
>
> Eine Drogenfahrt liegt ebenfalls nicht vor, wenn der (Drogen-)Wirkstoff als Arznei verschrieben und bestimmungsgemäß angewendet wurde

Wer jedoch andere Mittel – auch Medikamente – zu sich genommen hat, die berauschende Wirkung haben, dem droht die Strafbarkeit nach § 316 StGB, wenn sich nämlich eine Fahruntüchtigkeit ergibt (aufgrund feststellbarer Ausfallerscheinungen infolge der Rauschmittelwirkung).

Drogenkonsum wird von der Polizei oft durch den unmittelbaren Eindruck vom Fahrer oder auch durch Vortests festgestellt. Dies reicht aber nicht für eine Verurteilung wegen Drogenfahrt. Hier wird dann immer eine Blutprobe entnommen und ausgewertet.

Welche Bußgelder drohen?

Kraftfahrzeugführern drohen Geldbußen ab 500 Euro und immer (!) auch Fahrverbote. Das Fahrverbot ist bereits (ohne Angabe seiner Dauer) im Gesetz verankert – § 25 Abs. 1 S. 2 StVG regelt nämlich, dass nach Begehung einer Ordnungswidrigkeit nach § 24a StVG regelmäßig ein Fahrverbot anzuordnen ist. Die einzelnen Rechtsfolgen sind in BKat-Nummern 241–242.2. ausführlich geregelt:

Lfd. Nr.	Tatbestand	StVG	Regelsatz Fahrverbot
241	Kraftfahrzeug geführt mit einer Atemalkoholkonzentration von 0,25 mg/l oder mehr oder mit einer Blutalkoholkonzentration von 0,5 Promille oder mehr oder mit einer Alkoholmenge im Körper, die zu einer solchen Atem- oder Blutalkoholkonzentration führt	§ 24a Abs. 1	500 Euro, 1 Monat Fahrverbot
241.1	bei Eintragung von bereits einer Entscheidung nach § 24a StVG, § 316 oder § 315c Absatz 1 Nummer 1 Buchstabe a StGB im Verkehrszentralregister		1 000 Euro Fahrverbot 3 Monate
241.2	bei Eintragung von bereits mehreren Entscheidungen nach § 24a StVG, § 316 oder § 315c Absatz 1 Nummer 1 Buchstabe a StGB im Verkehrszentralregister		1 500 Euro Fahrverbot 3 Monate
242	Kraftfahrzeug unter Wirkung eines in der Anlage zu § 24a Absatz 2 StVG genannten berauschenden Mittels geführt		500 Euro, 1 Monat Fahrverbot

Lfd. Nr.	Tatbestand	StVG	Regelsatz Fahrverbot
242.1	bei Eintragung von bereits einer Entscheidung nach § 24a StVG, § 316 oder § 315c Absatz 1 Nummer 1 Buchstabe a StGB im Verkehrszentralregister		1 000 Euro Fahrverbot 3 Monate
242.2	bei Eintragung von bereits mehreren Entscheidungen nach § 24a StVG, § 316 oder § 315c Absatz 1 Nummer 1 Buchstabe a StGB im Verkehrszentral-register		1 500 Euro Fahrverbot 3 Monate

! *Praxistipp*

Drogenfahrten führen nahezu immer zu Maßnahmen der zuständigen Fahrerlaubnisbehörden. Gleiches gilt für wiederholte Alkoholfahrten. Hier wird regelmäßig eine MPU (Medizinisch-Psychologische Untersuchung; umgangssprachlich: „Idiotentest") von dem Betroffenen verlangt.

Alkoholverbot für Fahranfänger

Fahranfängern drohen bereits beim Fahren nach Alkoholgenuss bzw. bei gleichzeitigem Alkoholgenuss auch unterhalb der „0,5 Promille-Grenze" Geldbußen. Die entsprechende Regelung findet sich in § 24c StVG.

Wie wird die Tat begangen?

Die Ordnungswidrigkeit begeht, wer

- vorsätzlich oder fahrlässig,
- in der Probezeit nach § 2a StVG oder vor Vollendung des 21. Lebensjahres,
- als Führer eines Kraftfahrzeugs,
- im (öffentlichen) Straßenverkehr,
- (während der Fahrt) alkoholische Getränke zu sich nimmt oder (bei vorherigem Alkoholgenuss) die Fahrt antritt, obwohl er unter der Wirkung eines solchen Getränks steht.

Praxistipp

Die Vorschrift richtet sich in erster Linie an Fahrer, die eine Fahrerlaubnis auf Probe innehaben, sich also noch in der sogenannten Probezeit befinden, gleichgültig, in welchem Alter sie die Fahrerlaubnis erworben haben. Die Probezeit dauert bei erstmaligem Fahrerlaubniserwerb ab dem Zeitpunkt der Erteilung zwei Jahre und beginnt mit der Aushändigung des Führerscheins. Beim begleiteten Fahren mit 17 wird die Probezeit bereits mit Aushändigung der Prüfungsbescheinigung in Gang gesetzt.

Ergänzt wird das Fahranfänger-Alkoholverbot durch eine absolute Altersgrenze: Bis zur Vollendung des 21. Lebensjahres ist jeglicher Alkohol am Steuer verboten.

Alkoholhaltiges Getränk

Alkoholische Getränke sind Flüssigkeiten, die als Getränk konsumiert werden und die Alkohol enthalten, also insbesondere Bier,Wein, Spirituosen, Mischgetränke aus/mit verschiedenen Alkoholika (zum Beispiel Schorlen, Alcopops, Radler).

Dagegen sollen Getränke mit Alkoholgehalt von bis zu 0,5 Prozent nicht hierunter fallen (zum Beispiel „alkoholfreies Bier").

Alkoholhaltige Lebensmittel (zum Beispiel Pralinen) oder Medikamente (Hustensaft) sind auch rechtlich betrachtet kein Getränk. Ihr Konsum wird also nicht geahndet.

> **!** *Praxistipp*
>
> Zu warnen ist aber trotzdem vor „Räuberpistolen", was den Konsum derartiger „Nichtgetränke" angeht. Wer nämlich Hustensaft wie ein Getränk trinkt, wird trotzdem belangt.

Zusichnehmen oder „unter Alkoholwirkung" fahren

Die Tathandlung des § 24c StVG kann sich in zweierlei Gestalt darstellen:

- Zusichnehmen alkoholischer Getränke während der Fahrt,
- Fahrtantritt, obwohl der Fahranfänger unter Wirkung eines alkoholischen Getränks steht.

Kurzfristiges verkehrsbedingtes Anhalten (im Stau oder gar vor einer roten Lichtzeichenanlage) gehört noch zu der Fahrt dazu – wer also hierbei trinkt, handelt ordnungswidrig.

Achtung

Es reicht also für das „Zusichnehmen während der Fahrt", wenn der Konsum nur eines einzigen (!) Schluckes Alkohol festgestellt wird.

Wer das Steuer wechselt und vorher im Fahrzeug getrunken hat, um dann während der Fahrt im tatsächlichen Sinne zum Fahrer zu werden, tritt die Fahrt unter der Wirkung des Alkohols an.

Achtung

Der Fahrer steht „unter der Wirkung alkoholischer Getränke", wenn diese nicht nur in einer völlig unerheblichen Konzentration im Körper vorhanden sind.

Allgemein wird davon ausgegangen, dass regelmäßig

- eine AAK von mindestens 0,15 mg/l
- oder eine BAK von 0,2 Promille

für die Ordnungswidrigkeit festgestellt werden muss.

Welche Bußgelder drohen?

Der Verstoß gegen das Alkoholverbot für Fahranfänger wird nach BKat-Nr. 243 mit 250 Euro Geldbuße belegt. Ein Fahrverbot droht nicht. Im FAER (in Flensburg) wird ein Punkt für den Verstoß eingetragen. Viel wichtiger ist aber: Der Täter muss an einem Aufbauseminar für alkoholauffällige Fahrerlaubnisinhaber teilnehmen und seine Probezeit verlängert sich um zwei Jahre. Die Nichtabsolvierung des Aufbauseminars führt zu einem Fahrerlaubnisentzug.

Handy am Steuer

Das Telefonieren mit einem Handy ist nicht nur eine kleine Sünde, sondern nach § 23a Abs. 1a StVO verboten. Die Vorschrift lautet: „Dem Fahrzeugführer ist die Benutzung eines Mobil- oder Autotelefons untersagt, wenn er hierfür das Mobiltelefon oder den Hörer des Autotelefons aufnimmt oder hält. Das gilt nicht, wenn das Fahrzeug steht und bei Kraftfahrzeugen der Motor ausgestellt ist."

Praxistipp

Oft wird das Telefonieren von einem einzelnen Polizeibeamten festgestellt. Dies reicht aus, um Sie zu überführen, auch wenn Sie die Tat bestreiten. Machen Sie sich also nicht allzu hohe Hoffnungen, was die Verteidigung in solchen Fällen angeht.

Achten Sie in der Hauptverhandlung darauf, ob der Polizeibeamte sich wirklich noch an den Sachverhalt erinnern kann. Oftmals finden sich nämlich in den Akten keine weiteren Schilderungen, sodass Einzelheiten der Tat zur Zeit der Hauptverhandlung verblasst sein können. Der Zeuge sollte daher offen gefragt werden, ob er sich tatsächlich noch erinnert oder ob er nur „Aktenwissen" wiedergibt.

Praxistipp

Zeugenaussagen von Mitfahrern oder Einzelverbindungsnachweise des nachweisbar einzigen Handys im Auto können helfen, den Vorwurf aus der Welt zu schaffen.

Wer kann belangt werden?

Geahndet wird nur die Nutzung durch den Fahrer. Telefoniert der Beifahrer oder hält er dem Fahrer das Handy ans Ohr, so wird dies nicht sanktioniert.

Ein Benutzen des Handys liegt nicht nur bei Führen des eigentlichen Telefongesprächs, sondern auch bei jeglicher anderen bestimmungsgemäßen technischen Nutzung des Telefons vor, so schon bei

- dem Wählvorgang,
- dem Versenden von Kurznachrichten,
- dem Abrufen der Mailbox,
- der Interneteinwahl,
- der Nutzung als Navigationsgerät/Terminplaner/Organisator/Diktiergerät.

Verboten sind diese Handlungen aber nur, wenn der Betroffene hierfür das Mobiltelefon oder den Hörer des Autotelefons aufnimmt oder hält; nicht verboten ist also die Handynutzung mit Freisprecheinrichtung.

!

Praxistipp

Alle Nutzungsarten sind auch dann gegeben, wenn der Handyakku leer ist, der Fahrer aber glaubte, er könne das Handy noch nutzen.

Wird nur das Headset der Freisprecheinrichtung benutzt, so ist dies kein tauglicher Handyverstoß. Gleiches gilt für Nutzung des Handys als Handwärmer/Wärmeakku.

Die meisten Gerichte sind sehr streng: die Frage der Benutzung des Handys wird oftmals allein daran festgemacht, ob es in der Hand gehalten wird oder nicht – selbst dann, wenn nicht telefoniert wird – dies muss aber geschehen, um die Kommunikation anzubahnen oder abzuschließen (sogenannte Vor- und Nachbereitungsphase). Auch die Rückkehr in den Ruhe- oder Bereitschaftsmodus des Gerätes durch Durchlaufen der entsprechenden Menüpunkte ist daher noch „Benutzen".

Ist der Motor des Fahrzeugs ausgestellt und steht das Fahrzeug, so darf freilich folgenlos mit dem Handy am Steuer telefoniert werden. Teils wurde dies auch angenommen, wenn sich der Motor vor einer Ampel automatisch durch Wegnehmen des Gas abstellt.

Wird der Fahrer beim Telefonieren mit stehendem Fahrzeug aber laufendem Motor angetroffen, so ist zwar auch hier der Ordnungswidrigkeitentatbestand verwirklicht, es bietet sich jedoch eine Einstellung nach § 47 OWiG an.

Musterformulierung

… rege ich an, das gegen mich geführte Bußgeldverfahren gemäß § 47 OWiG einzustellen. Zwar habe ich zur Tatzeit als Fahrzeugführer mit einem Mobiltelefon telefoniert, doch fand dies bei stehendem Fahrzeug auf dem Seitenstreifen der … statt. Dieser Sachverhalt weicht so stark von dem Normalfall eines „Handyverstoßes" ab, dass eine Verfahrenseinstellung geboten erscheint. Zumindest bitte ich um die Herabsetzung der vorgesehenen Regelgeldbuße auf einen Betrag unter 40 Euro.

Wer aber telefonierend bei laufendem Motor im stehenden Fahrzeug vor einer roten Ampel angetroffen wird, kann noch nicht mit einem solchen Entgegenkommen rechnen.

Welche Bußgelder drohen?

Das Bußgeld für Verstöße gegen das Handyverbot eines Kraftfahrzeugführers beläuft sich auf 60 Euro (vgl. BKat-Nummer 246.1). Zudem wird für den Verstoß im Verkehrszentralregister ein Punkt eingetragen. Eine Fahrverbotsanordnung wegen eines einzelnen Handyverstoßes ist nicht möglich. Selbst bei wiederholten schweren Verstößen im Straßenverkehr führt der Handyverstoß nicht zu einem Fahrverbot.

Praxistipp

Auch Radfahrern ist die Handynutzung verboten – sie wird nach BKat-Nummer 246.2 mit 25 Euro geahndet.

Gurtverstöße

Die Pflicht, Sicherheitsgurte während der Fahrt zu tragen, ist in § 21a Abs. 1 StVO geregelt. Eigentlich müssen alle Pkw, Lkw und Omnibusse mit Gurten ausgerüstet sein – im Zweifelsfall ist hier in § 35a Abs. 2 bis 7 StVZO nachzulesen. An diese konkret erforderliche Ausrüstung der Fahrzeuge knüpft dann auch die Gurtpflicht des Fahrzeuginsassen an.

> **!** *Praxistipp*
>
> Ausländische Fahrzeuge, die vorübergehend am öffentlichen Straßenverkehr in Deutschland teilnehmen, müssen mit Sicherheitsgurten ausgerüstet sein und unterfallen der Anschnallpflicht, wenn diese nach dem Recht des Zulassungsstaates vorgeschrieben sind.

Wer kann überhaupt Täter des Gurtverstoßes sein?

Entgegen landläufiger Meinung ist nicht der Fahrer für die Einhaltung der Gurtpflicht durch alle Insassen allein verantwortlich. Den Verstoß begeht jede Person, die sich auf einem Sitzplatz eines (pflichtmäßig mit Gurten ausgerüsteten) Fahrzeugs befindet, also:

- Fahrer,
- Beifahrer,
- Mitfahrer auf den Rücksitzen.

Sofern keine Ausnahmegenehmigung erteilt ist, müssen auch Krankenwagenfahrer und Fahrlehrer den Gurt anlegen. Die Rechtsprechung nimmt stets an, dass von einem verantwortungsbewussten Kraftfahrer aus Eigenschutzgesichtspunkten das Anlegen des Gurtes erwartet werden kann.

„Haftung" des Fahrers für Mitfahrerverstöße

Der Fahrer ist grundsätzlich nicht für das Nichtanschnallen/Abschnallen der Mitfahrer verantwortlich. Ihm droht hier also kein Bußgeld. Etwas anderes gilt nur

- bei einer Aufforderung an den Mitfahrer, sich nicht anzuschnallen,
- wenn die Mitfahrer ihr eigenes Tun nicht richtig überblicken können (zum Beispiel Kinder, Behinderte, gebrechliche Personen).

Das Nichtanlegen des Sicherheitsgurtes

Ein Verstoß liegt vor, wenn der Sicherheitsgurt bei der Fahrt tatsächlich gar nicht angelegt wird. Probleme tauchen dort auf, wo der Gurt nicht richtig angelegt wird.

Praxistipp

Das falsche Anlegen des Dreipunktgurtes, indem dieser unter dem Arm (fast wie ein Hüftgurt) geführt wird, ist damit nicht ausreichend. Grundsätzlich gilt hier: Der Gurt muss richtig angelegt sein!

Auch in folgenden Fällen liegt ein Gurtverstoß vor:

- Nichtanschnallen mit der „Ausrede", man fühle sich unwohl,
- Nichtanschnallen, weil Gegenstände in der Jacke beschädigt werden könnten,
- Gurt wird zwar benutzt, aber vom Körper weggehalten.

Praxistipp

Ist der Sicherheitsgurt defekt, so ist eine Verurteilung wegen Gurtverstoßes nicht möglich – hier ist dann aber das Führen des Fahrzeugs mit defekten Gurten wiederum eine Ordnungswidrigkeit.

Ausnahmen von der Gurtpflicht

Der Gesetzgeber hat Ausnahmen von der Gurtpflicht geregelt. So gilt sie nicht für:

1. Taxifahrer und Mietwagenfahrer bei der Fahrgastbeförderung: Diese müssen also bei Fahrten ohne „Kunden" ihren Gurt anlegen.

2. Personen beim Haus-zu-Haus-Verkehr, wenn sie im jeweiligen Leistungs- oder Auslieferungsbezirk regelmäßig in kurzen Zeitabständen ihr Fahrzeug verlassen müssen: Dies sind nicht nur Lieferanten, Boten von Behörden, Postzusteller oder Abholer, sondern auch alle Dienstleister mit kurzen Fahrstrecken zwischen ihren Kunden. Nur die unmittelbaren Dienstleistungs-/Auslieferungsfahrten führen zur Ausnahme von der Gurtpflicht – dagegen besteht sie weiter bei der Hin-

fahrt zum und bei der Rückfahrt vom Leistungs- bzw. Auslieferungsbezirk. Auch Fahrten zwischen einzelnen Bezirken sind „gurtpflichtig". Hier muss genau vorgetragen werden, wie die Arbeit am Tattage strukturiert war, da nicht jeder, der einmalig eine Kurzstrecke mit Unterbrechung fährt, in den Genuss der Ausnahme kommen soll. Fahrten von 300 m zwischen den einzelnen Haltepunkten sowie mehrfaches Abbiegen und Queren von anderen übergeordneten Straßen lassen den Haus-zu-Haus-Verkehr entfallen.

3. Fahrten mit Schrittgeschwindigkeit wie Rückwärtsfahren, Fahrten auf Parkplätzen: Hier ist die eigene Gefährdung der nicht angeschnallten Fahrzeuginsassen überschaubar und zu vernachlässigen. Die Hauptanwendungsfälle „Rückwärtsfahrten" und „Fahrten auf Parkplätzen" werden im Gesetz ausdrücklich benannt. Es sind natürlich auch zahlreiche andere Konstellationen denkbar, bei denen mit Schrittgeschwindigkeit gefahren wird. Die Ausnahme von der Gurtpflicht gilt aber nur, wenn der Verkehrsvorgang von vornehereín auf das Fahren mit Schrittgeschwindigkeit angelegt ist. Bloß verkehrsbedingtes Langsamfahren reicht nicht aus.

4. Fahrten in Kraftomnibussen, bei denen die Beförderung stehender Fahrgäste zugelassen ist.

5. das Betriebspersonal in Kraftomnibussen und das Begleitpersonal von besonders betreuungsbedürftigen Personengruppen während der Dienstleistungen, die ein Verlassen des Sitzplatzes erfordern.

6. Fahrgäste in Kraftomnibussen mit einer zulässigen Gesamtmasse von mehr als 3,5 t beim kurzzeitigen Verlassen des Sitzplatzes.

!

Praxistipp

Kurzes verkehrsbedingtes Anhalten (etwa an einer Ampel oder im Stau) lässt die Anschnallpflicht noch nicht entfallen. Man darf sich hier also auch trotz stehenden Fahrzeugs nicht abschnallen.

Daneben gibt es noch die Möglichkeit einer behördlichen Ausnahmegenehmigung nach § 46 Abs. 1 Nr. 5b StVG. Bekannt sind hier allgemein gesundheitliche Probleme durch das Anlegen des Gurtes. Wird der Betroffene bei einem Gurtverstoß angetroffen und kann medizinische Gründe für eine Ausnahmegenehmigung anführen (die er aber noch nicht erhalten hat), so legt dies sicher eine Einstellung nach § 47 OWiG nahe.

!

Praxistipp

Als Betroffener macht es also Sinn, derartige gesundheitliche Gründe darzulegen und mit ärztlichen Bescheinigungen „zu unterfüttern". Insbesondere eine nachträgliche behördliche Ausnahmegenehmigung wird stets zu einer Einstellung führen.

Welche Bußgelder drohen?

Bei einem Gurtverstoß droht nach BKat-Nr. 100 ein Bußgeld in Höhe von 30 Euro. Es handelt sich hierbei um ein Verwarnungsgeld, das nicht im Verkehrszentralregister in Flensburg eingetragen wird und somit auch keine Punkte auslöst.

Praxistipp

Im Rahmen von Schadensersatzansprüchen des nicht angeschnallten Geschädigten ist das Nichtangurten ebenfalls als Mitverschulden „quotenmindernd" zu berücksichtigen

Sonderfall: Sicherung von Kindern

Auch Kinder sind ordnungsgemäß gesichert zu befördern. Hier gelten bei Verstößen folgende Regelgeldbußen:

Lfd. Nr.	Tatbestand	StVO	Regelsatz / Fahrverbot
98	Als Kfz-Führer oder als anderer Verantwortlicher bei der Beförderung eines Kindes nicht für die vorschriftsmäßige Sicherung gesorgt (außer in KOM über 3,5 t zulässige Gesamtmasse)	§ 21 Abs. 1a Satz 1; § 21a Abs. 1 Satz 1; § 49 Abs. 1 Nr. 20, 20a	
98.1	bei einem Kind		30 Euro
98.2	bei mehreren Kindern		35 Euro
99	Als Kfz-Führer Kind ohne jede Sicherung befördert oder als anderer Verantwortlicher nicht für eine	§ 21 Abs. 1a Satz 1 § 21a Abs. 1 Satz 1, Abs. 2	

Lfd. Nr.	Tatbestand	StVO	Regelsatz / Fahrverbot
	Sicherung eines Kindes in einem Kfz gesorgt (außer in KOM über 3,5 t zulässige Gesamtmasse) oder als Führer eines Kraftrades Kind befördert, obwohl es keinen Schutzhelm trug	§ 49 Abs. 1 Nr. 20, 20a	
99.1	bei einem Kind		60 Euro
99.2	bei mehreren Kindern		70 Euro

Die Verstöße nach BKat-Nummern 99.1. und 99.2. führen auch zu Punkten und einer Aufnahme des Verstoßes ins Verkehrszentralregister in Flensburg. Im Einzelfall soll es dem Kfz-Führer sogar zumutbar sein, seine Route derart zu wählen, dass er ausschließlich Straßen befährt, auf denen ein regelmäßiges Umsehen nach einem von ihm mitgenommenen Kind und ein sofortiges Anhalten möglich ist. Ausnahmsweise kann er sogar gehalten sein, die ständige Kontrolle des beförderten Kindes durch Mitnahme einer Begleitperson zu gewährleisten.

Hinweise für die Gerichtsverhandlung

In der Hauptverhandlung ist natürlich die Befragung des eingesetzten Polizeibeamten wichtig, der den Verstoß beobachtet hat. Waren mehrere Beamte vor Ort, so ist unter Umständen anzuregen, auch die anderen Beamten zu hören

– in der Regel wird vom Gericht nämlich nur ein Zeuge geladen – mehr ist für die Erforschung der Wahrheit nicht erforderlich. Das Gericht darf nämlich davon ausgehen, dass alle eingesetzten Beamten das Gleiche wahrgenommen haben.

Folgende Tipps sollte man beherzigen:

- Fragen Sie nach: War die Kontrolle gezielt oder lag nur eine zufällige Wahrnehmung vor?
- Bei mehreren beobachtenden Beamten ist zu fragen: Gab es eine spezielle Aufgabenverteilung?
- Fragen Sie nach der genauen örtlichen Stellung (Entfernung zum beobachteten Fahrzeug) der Beamten bei der Wahrnehmung des Verstoßes, falls diese unklar ist.
- Wenn Sie meinen, die Sicht in Ihr Fahrzeug sei schlecht gewesen – dann liegt es nahe, das Fahrzeug mit zum Gerichtsparkplatz zu nehmen und die Inaugenscheinnahme zu beantragen. Bringen Sie die Kleidung mit, die Sie am Tattag getragen haben, damit man die Beobachtungssituation nachstellen kann.
- Klären Sie genau: Woran kann sich der Polizeibeamte noch wirklich selbst („aus eigener Erinnerung") erinnern?

Verstöße an Zebrastreifen

Der Fahrzeugführer ist nach § 26 Abs. 1 StVO verpflichtet, dem Fußgänger, der den Fußgängerüberweg passiert den Vorrang zu lassen. Die Vorschrift lautet:

An Fußgängerüberwegen haben Fahrzeuge mit Ausnahme von Schienenfahrzeugen den zu Fuß Gehenden sowie Fahrenden von Krankenfahrstühlen oder Rollstühlen, welche den Überweg erkennbar benutzen wollen, das Überqueren der Fahrbahn zu ermöglichen. Dann dürfen sie nur mit mäßiger Geschwindigkeit heranfahren; wenn nötig, müssen sie warten.

Sichtbare Markierung des Zebrastreifens

Die Vorrangsituation des Fußgängers auf dem Fußgängerüberweg ergibt sich allein aus der sichtbaren Markierung des Zebrastreifens auf der Fahrbahn. Sobald eine Ampel den Weg (mit-)absichert, ist die Vorschrift unanwendbar.

Notwendig ist aber nach der Rechtsprechung eine „deutliche, durchgehende Kennzeichnung". Da sich die Farbmarkierungen des Zebrastreifens durch Witterungseinflüsse, Ausbesserungsarbeiten an der Fahrbahn und mechanische Einwirkungen im Laufe der Zeit verändern, kommt es naturgemäß mit zunehmender Nutzungsdauer des Fußgängerüberwegs zu einer herabgesetzten Erkennbarkeit.

> **!** *Praxistipp*
>
> Hier hilft es in problematischen Fällen einmal mehr, Fotos von der Örtlichkeit aus Richtung des ankommenden Fahrzeugs zu machen, da so am besten die Frage der Erkennbarkeit geklärt werden kann.

Wer darf den Zebrastreifen nutzen?

Der Vorrang am Zebrastreifen gilt in erster Linie für Fußgänger. Aber auch Fahrer von Krankenfahrstühlen und Rollstühlen werden geschützt. Bevorrechtigt ist auch derjenige, der als Fahrradfahrer den Zebrastreifen erreicht oder als solcher wieder im Anschluss an den Radweg seine Fahrt aufnehmen will, jedoch auf dem Überweg zu Fuß geht.

Radfahrer auf dem Fußgängerüberweg dagegen sind nicht bevorrechtigt und zwar auch dann nicht, wenn zum Beispiel ihr Radweg unmittelbar vor dem Fußgängerüberweg endet und danach wieder eröffnet wird. Meist wird auch angenommen, dass der auf einer Pedale über den Fußgängerüberweg rollende Radfahrer als Fußgänger zu behandeln sei und daher Vorrang habe.

Praxistipp

Eine Ordnungswidrigkeit fehlt aber, wenn der Fußgänger auf sein Vorrecht verzichtet. Wichtig ist also: Drängt sich ein Verzicht auf oder macht ihn der Betroffene nur ansatzweise plausibel geltend, so sind die feststellenden Polizeibeamten (oder auch andere Zeugen) intensiv auch dahingehend zu befragen, ob der Fußgänger nicht etwa „einladende Gesten" gemacht hat. Nicht zu klärende Zweifel müssen zugunsten des Betroffenen gewertet werden.

Wollte der Fußgänger tatsächlich über den Zebrastreifen?

Zentrales Problem in Bußgeldverfahren ist die Frage, ob tatsächlich festgestellt werden kann, dass ein Fußgänger den Überweg „erkennbar nutzen" wollte.

Praxistipp

Bloße Vermutungen reichen hier ebenso wenig aus, wie die bloße Anwesenheit eines Fußgängers in der Nähe eines Fußgängerüberwegs und die nur nicht ausschließbare Möglichkeit einer Überquerungsabsicht. Fragen Sie also die Polizisten genau, woran Sie festmachen, dass der Fußgänger tatsächlich „rüber wollte".

Die Nutzungsabsicht kann sich natürlich einfach ergeben, wenn der Fußgänger in dem Verfahren als Zeuge zur Verfügung steht und hier etwa erklärt, er habe ein Zeichen gemacht, um den Zebrastreifen ungefährdet überschreiten zu können. In der Regel fehlt es aber an derart klaren Aussagen.

Achtung

Abzustellen ist auf das Gesamtverhalten des Fußgängers, aus welchem sich objektiv die Absicht zur Überquerung der Fahrbahn auf dem Fußgängerüberweg ergeben muss.

Folgende Fälle hat die Rechtsprechung in der Vergangenheit entschieden:

- Ein Fußgänger, der am Bordstein mit Blick auf den Überweg steht oder zügig darauf zugeht, gibt seine Absicht hinreichend deutlich zu erkennen.
- Ein Fußgänger, der sich zu einer Kinderkarre hinunterbeugt, gibt die Querungsabsicht nicht zu erkennen
- Ein Fußgänger, der in einiger Entfernung parallel zur Fahrbahn (also rechtwinklig) auf den Überweg zugeht, lässt keine Absicht der Nutzung des Fußgängerüberwegs erkennen.
- Schulkinder, die schon geraume Zeit auf der Mittelinsel eines Fußgängerüberweges warteten, um den Fußgängerweg zu überqueren, lassen Querungsabsicht erkennen.

Und was hat der Fußgänger getan – musste er warten?

Ein Verstoß gegen das Vorrecht am Zebrastreifen darf nur geahndet werden, wenn der Fußgänger auf einem Fußgängerüberweg

- vermeidbar gefährdet,
- behindert,
- belästigt
- oder überhaupt in seinem Verhalten irgendwie durch das herannahende Fahrzeug beeinflusst/beeinträchtigt

worden ist.

Achtung

Da sich diese Tatbestandsvoraussetzung nicht unmittelbar aus dem Gesetz entnehmen lässt, wird sie oftmals von Mitarbeitern der Verwaltungsbehörden und Richtern übersehen und bleibt dann somit ungeprüft.

Selbst dann, wenn sich ein Fußgänger schon auf der Fahrbahn befunden hat, reicht die Feststellung nur dieser Tatsache bei gleichzeitigem Überfahren des Überwegs durch den Betroffenen nicht aus: Wenn der Kraftfahrer seine Fahrt mit so großem seitlichen Abstand zum Fußgänger fortsetzt, dass dieser nicht gefährdet, erschreckt oder verwirrt wird und sich auch nicht veranlasst sieht, seinen Schritt anzuhalten oder auch nur zu verlangsamen, so liegt eine Ordnungswidrigkeit vor.

Beispiel

Wenn ein Fußgänger, der bereits eine Weile an dem Überweg in der erkennbaren Absicht wartet, diesen zu überqueren, nur dadurch daran gehindert wird, dass der Betroffene nicht anhält, sondern weiterfährt, ist er bereits beeinträchtigt.

In nachfolgenden Konstellationen hat die Rechtsprechung eine Beeinträchtigung nicht angenommen:

- wenn der Fußgänger die Fahrbahn selbst noch nicht betreten hat, sondern vielmehr das Fahrzeug des Betroffenen vor dem Betreten der Fahrbahn zunächst passieren lässt und sich zudem noch auf dem – aus der Fahrtrichtung des Fahrers gesehen – linken Fahrbahnrand befindet;

- wenn der Fußgänger unmittelbar nach dem Vorbeifahren des Betroffenen den Fußgängerüberweg betreten hat;
- wenn der Fußgänger den 8m-breiten Fußgängerüberweg auf der – vom Fahrer aus gesehen – linken Seite der Fahrbahn betreten hat.

Welche Bußgelder drohen?

Eine Ordnungswidrigkeit an einem Fußgängerüberweg wird nach Nr. 113 BKat mit 80 Euro Regelgeldbuße geahndet und führt auch zu 4 Punkten im Verkehrszentralregister. Fahrradfahrern werden bei Verstößen in der Regel geringere Rechtsfolgen drohen.

Ordnungswidrigkeiten bei Unfällen

Kommt es zu Unfällen, so ist nicht nur die zivilrechtliche Frage des Schadensersatzes zu klären, sondern meist auch die Frage, wer denn eigentlich „schuld" ist. Hier wird in dem polizeilichen Unfallaufnahmebogen oder der Anzeige die Zahl „01" für den aus Sicht der Polizei in erster Linie Verantwortlichen zugewiesen. Dabei hat diese Zuordnung keinerlei Bindungswirkung. Folgende Ratschläge sind des Weiteren zu beherzigen:

- Es ist meist davon abzuraten, allein aufgrund der polizeilichen Zuweisung der „Schuld" vor Ort ein Verwarnungsgeld zu zahlen oder gar eine geständige Erklärung abzugeben.
- Bei zweifellos allein verursachten Bagatellunfällen wird es freilich dagegen kaum lohnen, über Verwarnungsgelder

von 10 oder 15 Euro zu diskutieren. Hier liegt es nahe, den Betrag einfach zu zahlen.

- Gegenüber der Polizei oder anderen Unfallbeteiligten ist es geboten, über die eigene Verantwortung für den Unfall keine Erklärungen abzugeben. Die Polizei muss zwar auf ein Aussageverweigerungsrecht hinweisen – aber auch sonst gilt: „Mund halten!"
- Keinesfalls sollte vorschnell der Unfallort verlassen werden, bis nicht alle erforderlichen Angaben aufgenommen worden sind. Sonst droht der Vorwurf eines Unerlaubten Entfernens vom Unfallort („Unfallflucht") nach § 142 StGB. Folge dieser Straftat ist dann häufig sogar die Entziehung der Fahrerlaubnis.
- Besteht die Möglichkeit, Fotos oder Aufzeichnungen vor Ort über das Unfallgeschehen/die Unfallspuren zu machen, so sollte diese unbedingt genutzt werden.
- Zeugennamen sollten am Unfallort notiert werden.
- Gegenüber anderen Unfallbeteiligten abgegebene Schuldanerkenntnisse werden in der Regel zu einem Rückgriff der eigenen Haftpflichtversicherung führen – hiervon ist also abzuraten.
- Auch nach dem Unfall gefertigte Lichtbilder/Skizzen der Örtlichkeit können helfen, den Unfallhergang später zu klären oder jedenfalls einzelne Verhaltensweisen zu erläutern. Sie ersparen zudem zeitintensive Ortstermine.

Die Ordnungswidrigkeit bei einem Unfall kann sich allein aus der Gefährdung/Schädigung anderer Rechtsgüter ergeben (§ 1 Abs. 2 StVO). Meist wird aber noch ein spezieller

Verstoß angegeben (zum Beispiel mangelnde Sorgfalt beim Rückwärtsfahren, Wenden oder Überholen). Sie finden in einem solchen Fall die angewendeten Paragrafen und die BKat-Nummer (bzw. die Nummer des Tatbestands im Bundeseinheitlichen Tatbestandskatalog) bereits in dem Ihnen zugesandten Anhörungsbogen. Mit den zitierten Vorschriften sollte man sich unbedingt auseinandersetzen und sie deshalb zunächst nachlesen.

Praxistipp

Nochmals: Im Internet sind all diese Normen frei zugänglich.

Parken und Halten

§ 12 StVO regelt das Halten und Parken. Die Vorschrift ist sehr ausführlich und kann daher hier nicht vollständig wiedergegeben werden. Sie unterscheidet ausdrücklich zwischen Halten und Parken und benennt einzelne Verkehrssituationen, in denen beide Verhaltensweisen verboten sind.

Praxistipp

Ein Verstoß liegt nur dann vor, wenn das Parken im öffentlichen Verkehrsraum stattfindet. Das unrechtmäßige Parken etwa vor einer fremden Garage wird nicht geahndet.

Was ist Parken und was Halten?

Während der Begriff des Haltens im Gesetz selbst nicht näher definiert ist, ist das Parken ausdrücklich geregelt: „Wer sein Fahrzeug verlässt oder länger als drei Minuten hält, der parkt."

> *Praxistipp*
>
> Die Ausrede, man sei nur eben in ein anliegendes Geschäft „hineingesprungen", hilft beim Falschparken nicht weiter, da hierfür das Fahrzeug verlassen wurde!

Das Halten hingegen erfordert eine ungewollte und nicht durch die Verkehrslage aufgezwungene Fahrtunterbrechung (so wie beispielsweise im Stau).

So müssen Sie eigentlich parken!

Auch das „Wie" des Parkens ist gesetzlich geregelt: Zum Parken ist der rechte Seitenstreifen (inklusive Parkstreifen rechts) zu benutzen. Dies gilt aber nur, wenn er ausreichend befestigt ist, sonst ist an den rechten Fahrbahnrand heranzufahren.

> *Praxistipp*
>
> Hier lohnt es in Zweifelsfällen einmal mehr, für die Verwaltungsbehörde oder das Gericht die Parksituation und die Örtlichkeit an sich durch Skizzen darzustellen oder besser noch mittels Fotos nachvollziehbar zu machen.

Ist das Parken auf dem Gehweg erlaubt, so ist

- in „normalen Straßen“ nur der rechte Gehweg,
- und in Einbahnstraßen der rechte oder linke Gehweg

zu benutzen.

Achtung

Achten Sie stets darauf, Platz sparend zu parken.

Neben ausdrücklichen Parkverbotsschildern sind folgende Parkverbote am wichtigsten:

- Nr. 1: vor und hinter Kreuzungen und Einmündungen bis zu je 5 m von den Schnittpunkten der Fahrbahnkanten,
- Nr. 2: wenn es die Benutzung gekennzeichneter Parkflächen verhindert,
- Nr. 3: vor Grundstücksein- und -ausfahrten, auf schmalen Fahrbahnen auch ihnen gegenüber,
- Nr. 4: bis zu je 15 m vor und hinter Haltestellenschildern (Zeichen 224),
- Nr. 9: vor Bordsteinabsenkungen.

Darüber hinaus ist zu beachten, dass wegen § 1 Abs. 2 StVO dort nicht geparkt werden darf, wo andere Verkehrsteilnehmer gefährdet oder behindert werden.

Streit um die Parklücke

Oft kommt es zu Streit an der Parklücke. Hier hat nach § 12 Abs. 5 StVO derjenige Vorrang, der die Lücke zuerst erreicht. Fährt er an der Parklücke vorbei, um rückwärts einzuparken, so führt dies nicht zu einem „Erlöschen“ des Vorrangs.

! *Achtung*

Der Vorrang bedeutet freilich keinen „Freifahrtschein“ für Beleidigungen, Nötigungen und Ähnliches.

Welche Bußgelder drohen?

Bußgelder wegen Falschparkens bzw. falschen Haltens finden sich in den BKat-Nummern 51 bis 62. Inklusive aller Unternummern sind über 30 Tatbestände existent, die hier aus Platzgründen natürlich nicht alle dargestellt werden können. Wichtig für den Betroffenen ist aber, dass nur ein Verstoß (BKat-Nummer 51b.3) mit Punkten belegt ist und zu einer Eintragung im Verkehrszentralregister in Flensburg führt: Parken an engen oder unübersichtlichen Straßenstellen oder im Bereich einer scharfen Kurve, wenn ein Rettungsfahrzeug im Einsatz behindert worden ist. Alle (!) anderen Ordnungswidrigkeiten in diesem Kontext werden durch Verwarnungsgelder von 35 Euro oder weniger belegt.

Ernste Konsequenzen drohen also beim Parkverstoß nahezu nie – abgesehen von einem möglichen Abschleppen.

Praxistipp

Um ein vorschnelles Abschleppen zu vermeiden, hilft es meist, einen Zettel sichtbar in sein Fahrzeug legen, aus dem sich der Name des Verantwortlichen, dessen Anschrift, derzeitiger Aufenthalt und möglichst auch noch die Mobilfunknummer ergibt. Vor dem Abschleppen wird die Ordnungsbehörde so immer zunächst eine Kontaktaufnahme versuchen müssen.

Auf den Punkt gebracht

- Als betroffener Fahrer sollte man stets darauf achten, Material zu der vorgeworfenen Tat zu sammeln. Überlegen Sie also: Welche Besonderheiten gab es? Wie kann ich diese durch (schriftlich vorab einzureichende) Zeugenaussagen belegen.
- In nahezu allen Fällen helfen auch Skizzen und Lichtbilder des Tatorts weiter, um den Sachverhalt aufzuhellen.
- Wenn besondere technische Messverfahren benutzt wurden, ist eine Internetrecherche ratsam, um zu klären, wie das Gerät einzusetzen ist.
- Durch ausführliches Nachfragen in der Hauptverhandlung ist dann anhand dieser Unterlagen die Messung gut überprüfbar.

Der Autor

Carsten Krumm ist Richter am Amtsgericht in Lüdinghausen und Autor zahlreicher Fachbücher und juristischer Aufsätze vorwiegend im Verkehrsrecht. Er engagiert sich zudem in der Anwaltsfortbildung. Carsten Krumm war zeitweise als Staatsanwalt und vor seiner richterlichen Tätigkeit als Rechtsanwalt tätig.

Impressum:
Verlag C. H. Beck im Internet: www.beck.de
ISBN: 978-3-406-66083-2

Wilhelmstraße 9, 80801 München

Umschlaggestaltung: Ralph Zimmermann – Bureau Parapluie, 85238 Petershausen
Umschlagbild: © Gina Sanders – fotolia.com
Satz: Fotosatz Buck, Kumhausen
Druck und Bindung: Beltz Bad Langensalza GmbH
Neustädter Str. 1–4, 99947 Bad Langensalza

Gedruckt auf säurefreiem, alterungsbeständigem Papier
(hergestellt aus chlorfrei gebleichtem Zellstoff)